I

LAS MADRES DE PLAZA DE MAYO

Un punto de referencia para los revolucionarios de América Latina

II

SENIDEAK

El largo viaje de la solidaridad

Apartado Correos Nº 184
20280 Hondarribia

Diseño de la colección SEDICIONES:
Eva Forest

Impresión:
Gráficas Lizarra, S.L.

Depósito Legal: 1.722-1996
ISBN: 84-87524-97-4

I

LAS MADRES DE PLAZA DE MAYO

Entrevista con Hebe de Bonafini a los 19 años de la Asociación Madres de Plaza de Mayo*

* Publicado en "Resumen" abril 1996

Entrevista con Hebe de Bonafini a los 19 años de la Asociación Madres de Plaza de Mayo

Es fuerte, tenaz, combativa, no se calla ante nada y ante nadie cuando se trata de defender la justicia. Hebe de Bonafini, presidenta de las Madres de Plaza de Mayo, de Argentina, lucha hace 19 años con el mismo empuje y conoce la represión bien de cerca. Los militares le arrebataron 3 hijos y los demócratas neoliberales (y sus policías) le abrieron la cabeza a culatazos, la patearon, la vejaron y empaparon de sangre su blanco pañuelo. Lo primero ocurrió hace 20 años, lo otro, hace menos de un mes, en La Plata. Pero ella sigue, siempre sigue. Le sobra corazón para defendernos a todos, a sus nuevos hijos.

–Hebe, ¿Cómo, cuándo y por qué nacen las Madres de Plaza de Mayo?

–El 30 de abril de 1977. Fuimos a la plaza a llevar una carta para Videla. Por qué: porque nos habían desaparecido los hijos. Es decir, cada una por un caso personal. Como fuimos diferentes desde el principio, primero nos movilizamos y después nos organizamos, nacimos diferentes porque nacimos en la calle. Con respecto al cómo, pienso que para cada una fue distinto; yo cuento siempre que a mí me avisó la madre de un preso, que nunca supe quién era. Yo estaba llena de miedo de viajar de El Dique a Buenos Aires, con quién me iba a encontrar, cómo las iba a encontrar. La Plaza de Mayo era una cosa demasiado grande, tenía demasiados símbolos para mí: era el Cabildo, eran los paraguas, era el peronismo, eran los fusilamientos. En ese momento, la Plaza de Mayo era demasiado grande. No sé con qué conciencia vine; a veces quiero pensar en ese día y no puedo, sé que vine con miedo.

–¿Quién fue Azucena Villaflor de Devincenti?

–Azucena fue la mujer que nos organizó, que nos indicó, que nos convocó a la plaza, fue una mujer muy valiente; pero esencialmente lo que Azucena nos mostró fue una manera de lucha, nos mostró que la plaza era el lugar –creía en la plaza–, ella había actuado en un sindicato, tenía idea de lo que era la lucha. Era una mujer con unos cuantos hijos –cuatro con el desaparecido–, esposa de un hombre que vendía querosene; una mujer que nos mostró mucho compañerismo, pero también mucha idea de la clase social a la que pertenecía. Yo creo que me sentí cerca de Azucena por eso; en alguna ocasión el tema de la clase social fue fundamental; la lucha de clases se sintió en las Madres. Me acuerdo de la primera reunión fuera de la plaza, nos juntamos en un bar y vino una Madre de clase social alta, toda vestida de violeta;

llovía, tenía paraguas violeta, piloto violeta, como si fuera una modelo, y dijo (imitando el acento de Barrio Norte): ¿Vos cómo te llamás? Y Azucena le dijo: Azucena. Entonces la otra mujer le respondió (sigue el acento): Ay, ¡el mismo nombre de mi cocinera! Y Azucena desde ese momento, no la quiso mirar más. Ahí empezamos a hablar de nuestras raíces, de nuestra gente, de su barrio, de mi barrio, y creo que además de la lucha, en el tiempo que compartí con ella nos hicimos compañeras por estas cosas. Yo, el tema no lo tenía muy en cuenta porque todavía no había comprendido algunas cosas que mis hijos me marcaban, pero ahí, durante la dictadura, eso se sintió mucho. Las que podían, querían reunirse en confiterías caras a tomar el té, y las otras decíamos: "no podemos pagar lo que vale esa confitería". Parece una pavada. Con el correr del tiempo lo fui entendiendo. Bueno, Azucena nos mostró eso: que las clases sociales existen y que nuestros hijos habían desaparecido por eso.

–¿Y quién es Hebe de Bonafini?

–Yo nací el 4 de diciembre de 1928, en El Dique, en un barrio de trabajadores, frente a la fábrica de sombreros donde trabajaba mi papá, me casé a los 19 años. Tuve tres hijos: Jorge, Raúl y Alejandra; Jorge y Raúl están desaparecidos, junto con María Elena –que pasó a ser mi hija cuando se casó con Jorge– y quedó Alejandra que hoy tiene 30 años, y ahora tengo otro hijo más que es Sergio (Shocklender). Soy esencialmente una Madre que tomó conciencia que los hijos no se los podemos regalar a nadie, que tomó conciencia de la lucha de sus hijos, que tomó conciencia de la explotación, que tomó conciencia revolucionaria. Soy una Madre que decidió poner todas las baterías en esto y dedicar mi vida a esto, que son los 30.000 desaparecidos, que es la lucha de la gente, que es este Tercer Mundo que amo, que es la bronca de lo que pasa.

En estos días estoy muy dolida, por ver tanta hipocresía en la dirigencia política argentina, peleándose por la intendencia de la Capital Federal, mientras que cada vez que camino por las calles a la noche, veo más chicos comiendo de la basura. Y eso no me lo banco. Lo repito todo el día porque no me lo banco.

–Vamos al tema entonces. ¿Cómo actuaron los distintos sectores de la dirigencia argentina durante la dictadura militar?

–El primer político que fui a ver fue (Raúl) Alfonsín. Él atendía en la calle San José, en el barrio de Congreso, en Buenos Aires, y pertenecía a la Asamblea Permanente por los Derechos Humanos. Las Madres, en la plaza, nos pasábamos listas con referencias para ver gente que nos pudiera ayudar. Bueno, uno de los que fui a ver fue Alfonsín; fui con mi carpetita, toda prolija, tipo madre de barrio. LLegué a la mañana y su secretaria, Margarita Ronco, me dijo que no estaba, que volviera a la tarde. Bueno, después volví y tampoco estaba. Finalmente, más cerca de la noche, llegué y el lugar estaba lleno de gente. Había una sala grande y al costado, una cocinita, y yo me puse ahí, en la cocina, a esperarlo. Al rato Alfonsín vino a la cocina y me dijo: "Señora, quédese tranquila, yo ya hablé por usted", y ahí se me representó el comité, el viejo comité de radicales y conservadores. Entonces le dije: "Cómo me puede decir eso si yo todavía no le di nada, ni le expliqué nada, ni sabe de qué se trata". Entonces se dio cuenta y dijo: "Ah bueno, bueno, entonces no se haga problema, yo ya me voy a ocupar". Yo le dejé todo, pero con una desilusión, con un vacío... en ese momento lo conocí realmente a Alfonsín. Porque no se puede engañar a las personas que van con el dolor, con la angustia... me acuerdo que agarró la carpetita y dijo "Ya está, sí, sí".

El segundo político que fuimos a ver fue (Ricardo) Balbín. Fuimos con Azucena y otras dos Madres. Balbín se puso como loco. Ya nosotras conocíamos el comportamiento de ellos (la Unión Cívica Radical), cómo habían golpeado la puerta de los cuarteles, pero esa vez Balbín fue muy lejos. Dijo: "¡Carajo, cuatro mujeres no me van a venir a decir lo que tengo que hacer!" Todo esto nos fue pasando desde el primer día que fuimos a ver a los políticos. Vos sabés que mi papá, que era radical, no le gustaba que yo le contara todo eso, le dolía mucho, no lo podía creer.

Nosotras los conocimos desde el primer momento. La gente cree que cuando hablamos de los políticos no sabemos lo que decimos. ¡Qué no vamos a saber! Yo de entrada me planteé que no podía creer en esos tipos. Después hablan y te dan vuelta la historia, pero la verdad es ésta que te estoy contando.

En cuanto a los políticos peronistas, casi nunca los pudimos ver, porque pedíamos entrevistas y no nos atendían. Acá en la calle Paraná (zona céntrica de la Capital Federal) tenían la sede, fuimos varias veces y no los pudimos ver. Al único que vimos fue a (Antonio) Cafiero que una vez nos atendió. Fue muy parecido a Alfonsín, "Sí, sí, ya vamos a ver" nos dijo, y por supuesto no hizo nada. Otras Madres fueron a ver a dirigentes de la Democracia Cristiana, y también venían desilusionadas, porque esos eran peores, salían con el verso de que el desaparecido "en algo habrá andado", las Madres que iban se sentían muy agredidas.

Con respecto a la Iglesia, nos pasó lo mismo, porque una siempre iba a ver a la jerarquía: fuimos a la Conferencia Episcopal, a ver a Galán, a Primatesta, a Plaza, a Montes, a los peores. Nos atendían tal cual lo que estaban haciendo: muy mal, porque ellos colaboraban directamente con la dictadura. En la burocracia sindical, igual: los fuimos a ver y nos pegaron, nos amenazaron, fue todo una gran desilusión. Mucha gente que defendía a (Saúl) Ubaldini se enojó con nosotras porque contamos lo que de verdad había pasado y no podían creer que los sindicalistas actuaran así.

Yo creo que todas esas cosas tuvimos que vivirlas en carne propia para poderlas denunciar. No fuimos a pedir dinero ni nada de eso, fuimos a pedir por vidas humanas, fuimos a pedir solidaridad, aunque más no fuera un gesto... y nada.

–¿Recordás excepciones para mencionar?

Las cartas de monseñor De Nevares. Él me contestó todas las cartas, una por una, personalmente. La palabra de monseñor Novak: "La Iglesia está puesta al servicio de las Madres". Muchos curas de la Zona Sur del Gran Buenos Aires, curas humildes. Monseñor Hesayne también se portó muy bien. A veces simplemente daban una misa para las Madres, pero con eso nos conformábamos, porque al menos había voluntad.

También hubo gente de las otras Iglesias, muchos pastores muy combativos, que hoy siguen estando en la lucha. Ellos prestaban sus iglesias para que nos reuniéramos, me acuerdo de Enrique Lavigne, de los pastores que están en la Asamblea Permanente por los Derechos Humanos. En esas iglesias pasaba algo extraño: los pastores nos daban lugar y su feligresía, que era de clase alta, no. Al revés que con la Iglesia Católica: la gente de barrio quería que nos dieran lugar y las autoridades no querían. Eso era un poco extraño.

En síntesis, no hay nada, hoy no hay ningún político en el cual podamos confiar, la dirigencia política está metida en la élite: veo que los políticos, si no son burgueses, se quieren convertir en burgueses. Ellos no van a pensar en nosotros. Yo no puedo creer que grupos como el Frente Grande, que hizo su acto en el Hotel Bauen, con mucha comida y todo eso, vayan a pensar en nosotros. Alguna gente puede pensar que tengo odios, o que soy resentida, no sé, que piensen lo que quieran, pero yo creo que los burgueses no van a pensar en nosotros. Por eso una tiene que luchar para que llegue al gobierno alguien que realmente piense en nosotros. Esa es la lucha de las Madres. Yo no quiero que la gente sufra, pero aquél que sufrió es el que sabe cómo tiene que moverse para beneficiar al pueblo.

–En el período institucional gobernó, en primera instancia, el partido radical, y luego el justicialismo. Te pido una breve evaluación de ambos períodos.

–El período radical, conducido por Raúl Alfonsín, fue como cuando vos cumplís 15 años y esperás ansiosa el cumpleaños, lo esperás con unas ganas bárbaras. Después el cumpleaños pasa y vos no cambiaste, todo sigue siendo muy parecido. Acá nos pasó lo mismo. Con Alfonsín apareció la ilusión de los 15 años, estuvimos en la plaza el día de su asunción –no porque las Madres confiáramos en él, como ya dije–, había sido una elección muy importante, había muchas ilusiones que se desvanecieron de inmediato con la confirmación de los jueces de la dictadura, el ascenso de los militares asesinos, el recibir la banda presidencial de un asesino como Bignone, "Felices Pascuas", "la Casa está en orden", toda una catástrofe, un gran engaño. Y después la debacle económica, el fracaso del plan Austral.

Ahora este menemismo, justicialismo, liberalismo, como se lo llame, ya vino más prostituido, con la injerencia de los Estados Unidos mucho más clara. Antes también estaba pero ahora es desembozado, por eso la presencia del Fondo Monetario Internacional es tan fuerte y por eso está (Domingo) Cavallo en el ministerio de Economía. El indulto terminó de completar el panorama. Con este plan económico están matando más que durante la dictadura. En este proceso tienen mucho que ver algunos medios de comunicación, en especial la televisión, que desinforma y habla más de los accidentes de tránsito que de las villas, de los obreros en conflicto, es decir de las razones de los problemas.

¿Qué pasa? Ellos aprietan al pueblo, lo dejan sin trabajo, nos matan los hijos, no podés ir al hospital porque destruyen la salud pública, no podés comprar alimentos, no podés acceder a la vivienda... y claro, cuando vos te calentás y protestás y le querés prender fuego a la Casa de Gobierno, te dicen: "ahora vamos a negociar". No. ¡No tenemos nada que negociar! Esto es lo que pasa. Por eso creo que estamos en una situación muy jodida, con un gobierno con medidas dictatoriales y sin alternativas. Este gobierno sigue porque no hay alternativas en las que vos puedas creer, en las que puedas confiar, en las que puedas poner algo. Yo hablo con los pibes y están cansados: "¿a quién vamos a apoyar? Le pusimos todo a los radicales –nos dicen–, al Partido Intransigente, al Movimiento Todos por la Patria, al Frente Grande... y todo se vino abajo, porque cada uno piensa en lo mismo". Esta interna reciente del Frente País Solidario (Frepaso) es trágica. Los menemistas son astutos, porque metieron a (Gustavo) Béliz en la discusión para que rompa, y Bordón y los otros le hicieron el juego. Tal vez porque los del Frepaso sólo piensen en ellos.

–¿Qué diferencias y qué coincidencias ves entre la dictadura y este período institucional?

–En la dictadura se mataba a la gente, los chicos quedaban tirados por la calle, venían a tu casa y te secuestraban, te robaban todo, te sacaban los libros, no te dejaban leer, no te permitían nada, no te dejaban pensar y te metían un terror espantoso. Ahora hacen todo esto pero con la ley. Están haciendo todas las leyes que necesiten para legitimar lo que se hizo durante la dictadura. Se dan cosas distintas pero el resultado es parecido. Ahora podés leer, pero te meten tanta porquería por televisión que la gente no lee porque tiene todo el día prendido ese aparatejo. Se editan libros interesantes, pero no hay plata para comprarlos. Antes, mis hijos se compraban tres o cuatro libros por mes, ahora no hay ningún pibe hijo de trabajadores que pueda comprarse esos libros. Nadie te lo prohíbe, pero no te los podés comprar.

Después tenés las muertes por las enfermedades de la pobreza. Por cólera, por tuberculosis, por Sida y los pibes que nacen y no llegan al año de vida, aquellos que no llegan a nacer. El otro día estuve en Bariloche –provincia de Río Negro– hablando con un cura que tiene a su cargo a un montón de chicos, y entre ellos hay dos, que me los hizo conocer y me dijo: "Mirá Hebe, porque no comieron, este se quedó en siete años y el otro en nueve o diez años, y tienen 25 años". El cura está buscando conseguir una casa para que sea de ellos porque "el día que yo no esté, ¿estos pibes dónde van a terminar?". Entonces, si a un pibe no le dan de comer, como pasa en tantos lugares de la Argentina, porque en Buenos Aires y los centro urbanos hay basura, pero en muchos lugares del interior no hay ni basura para comer, una se pregunta: ¿cuánta gente matan? Es imposible saberlo, si la mayor parte de los pibes que se mueren tempranamente no están ni anotados.

–Hace poco me contaban del barrio de los indios Tobas en Rosario. Los tienen hacinados. Un compañero fue a conversar con ellos y les preguntó: "¿Por qué aceptan estar acá?". Y el hombre, un toba de mediana edad, le respondió: "Porque acá hay basura".

–Así es. Comen de la basura. El tema es trágico, porque ¿cuántos están matando? ¿y quién va a pagar por estos crímenes? ¿quién va a pagar por los tipos que se suicidan, de un balazo o emborrachándose todo el día porque no tienen trabajo ni salida a sus vidas? ¿quién va a pagar por la gente que se está dejando morir sin esperanzas? ¿quién va a pagar por esta desazón que es ver todos los cordones industriales hechos pedazos? El otro día estaba frente a una fábrica de oleaginosas, una enorme, de dos o tres manzanas de tamaño, y yo decía claro, la pueden abandonar porque se hizo con la sangre de los trabajadores, si a los tipos esos (los empresarios) no les costó nada. No les convenía y la abandonaron. ¿Y quién habla de todo esto? Hay que hacerles entender a la gente que uno no es pobre porque le tocó en desgracia, sino porque ellos nos hacen pobres. En la dictadura fueron asesinados 30.000, hubo un millón de exiliados, muchísimos presos políticos, gente asesinada por las calles que nadie contabilizó, y nosotras no vamos a perdonar eso. Pero ahora, en estos años de gobierno llamado constitucional, porque democrático no es ni por casualidad, ¿no podremos contabilizar cuánta gente está muriendo por causas económicas y sociales? ¿y quiénes son los responsables? Menem, Cavallo, el Fondo Monetario, ¡y todos los diputados y senadores hijos de puta que les van votando las leyes! Todos son responsables. ¿Y los concejales? ¡Si un concejal gana tanto dinero como el Sha de Persia! ¿Y para qué están, si no hacen nada? Todos peleándose por esta "Reina del Plata" que es la intendencia de Buenos Aires.

Entonces, esto es lo que voy a proponer después del 24 de marzo, a través de una especie de proclama. Quiero proponer que nos pongamos en alerta roja para denunciar con nombre y apellido, con foto, dónde estuvo el tipo éste, qué ley votó, qué hizo, por qué no podemos seguir metiéndonos en la cabeza que ellos son la solución. No son la solución para nosotros. Y tenemos que mostrarle a la gente por qué no son la solución. Decirles: miren, para que haya todos estos pobres, de todas estas villas, hay todos estos ricos, todas estas empresas, y estas empresas financian las campañas políticas de tal partido, de tal dirigente... ¡tenemos que sacar a la luz todo esto! Yo voy a empeñar mi vida, todo, a esto, porque hay que hacerlo. Basta de estar callados y decir: "no, a este no hay que pegarle..." a mí no me importa quién sea, pero si tenemos que mandarlo al frente hay que hacerlo, porque peor es que nos maten a nosotros, al pueblo. Ni siquiera para nosotras las Madres, ni para vos Gabriel, ¡pero para tu bebé! ¡para los pibes y los más jóvenes! Yo para mí no quiero nada, ni siquiera para mi hija que tiene 30 años, pero hay que preguntarse qué país estamos haciendo para los que vienen. ¿Podemos lograr algo callándonos? Diciendo: no, no voy a denunciar a tal tipo porque beneficia a uno o a otro". ¡Basta! ¡Se terminó esto de tapar! Si me quieren hacer juicio, que me lo hagan, y si me comprueban que miento iré presa. Y si digo la verdad la gente va a decir: "¿viste lo que dijeron las Madres? Tienen razón".

–¿Cuáles son los principios de las Madres? Si tuvieras que enumerarlos, ¿cuáles señalarías?

–Mirá, el primero es vivir como uno dice. No tomar ningún tipo de privilegios. Hay muchas formas de tener privilegios, vos sabés que cuando estás en esto, y tenés un lugar ganado, la gente te conoce y quiere que tengas auto, que viajes bien. Yo no quiero nada de eso. Obviamente, si vas a un viaje y un compañero te alquila un hotel, vas ahí, pero si tenés que alojarte en su casa o en cualquier lado, lo hacés. Ningún tipo de privilegios.

Otro es no prometer nada que no vamos a hacer. No comprometernos en cosas grandilocuentes, somos esto que somos y más que lo que hacemos no podemos hacer. Este es un principio muy serio, porque muchos prometen demasiadas cosas y hacen poco. Hay que prometer lo que uno va a hacer, y tomar como propia la lucha del otro. No ir a acompañarlo para llevarle un papelito y decirle "estamos con vos". Hay que estar con el que lucha, en serio. Estar en serio es ir, quedarse, compartir la lucha, compartir el dolor, los fracasos, las alegrías, compartir todo. Esa es la solidaridad, en toda la dimensión que tiene la solidaridad. Y el otro principio es, esencialmente, la lucha por la vida, en contra de toda muerte. Estar en contra de toda persecución y racismo. Cuando uno habla de hermano, de solidario, que sea de verdad. Dar lo mejor que uno tiene, dar la vida por la causa. Yo no puedo decir que todas las Madres estén dispuestas a dar la vida por la causa, pero te puedo hablar de mí, a mí no me importa qué cosa me pueda pasar por lo que tengo que decir, sé que me voy a seguir jugando todo. Aunque sea duro lo que tengo que decir, no mentirle a la gente. A veces es muy duro lo que digo, a alguna gente le cae mal, le golpea mucho, pero soy eso.

–En ocasiones, por ese tipo de planteos te han acusado de sectaria, ¿qué respondes?

–Bueno, yo sé que me han acusado de sectaria, de dictadora, pero yo lo que le digo a la gente es que venga a la Casa de las Madres, que nos venga a conocer, que venga a ver cómo trabajamos, lo que hacemos. Nosotras no vamos a gastar el tiempo en lanzar dardos inútiles, vamos a gastar nuestro tiempo en investigar quién es cada uno, porque si yo no quiero que un chico coma de la basura, tengo que decir quién está haciendo lo posible para que ese chico coma de la basura. Pero no porque quiero llegar a un cargo, yo no quiero ser concejala, diputada, senadora, yo no quiero ser otra cosa que esto que soy, que es ser una Madre. Eso debe quedarle claro a la gente. Si la gente que está a nuestro alrededor, que nos ha acompañado y que nos acompaña, llega a construir algo, ¡fantástico! Ahí estaremos poniendo todas las baterías, pero tiene que ser algo en lo que nosotras podamos creer, mientras no creamos en algo no vamos a apoyar a nadie. Vamos a seguir en el camino de apretar, trabajar, laborar, hacer surco, darle, darle y meterle. Si de ahí sale algo, ojalá, ahí pondremos todas las fuerzas. No importan los años que pasen, tal vez tengan que pasar otros 18 años, no sé.

–En la última Marcha de la Resistencia ratificaste un concepto que habías mencionado en años anteriores, y llamó la atención. Es el de la "Fiesta", vos hablaste de la "Fiesta de la Resistencia". Háblanos un poco de lo que significan el dolor y la alegría para las Madres, ya que el familiar de un desaparecido es visto socialmente como alguien que padece únicamente dolor, y las Madres han insistido en que también saben sentir alegría.

–Claro, porque fíjate que no es lo mismo quedarse en casa llorando ante la foto de un hijo, o en el cementerio, que salir a la calle a pelear por lo que peleaba ese hijo. Entonces vos sentís la alegría de la lucha, la Fiesta que significa llenar la plaza y sentir que están ahí, que son los desaparecidos los que están empujando. Y ahora que están los Hijos de nuestros hijos, con más razón.

Al principio yo no entendía bien esto, pero las veces que lo vi a Raúl, lo vi en una confitería aquí en Buenos Aires. Yo estaba muy mal porque no sabíamos nada de Jorge (primero lo secuestran a Jorge y luego a Raúl), y había escrito en los papelitos de la confitería muchas cosas, le hablaba a mi hijo desaparecido y le decía "te espero, te escucho, y no puedo verte sonreír, escucho nada más que gritos y no sé cómo lo estarás pasando". Tenía mucho dolor. Cuando llegó Raúl me dijo: "Qué tal mami", "Estoy muy mal, no puedo pensar en Jorge bien, lo pienso siempre gritando, ni siquiera puedo imaginarme cómo está su cuerpo, siento sus gritos". "Pero mami, no. Vos no tenés que ser así, vos tenés que salir, ustedes tienen que ir al cine, escuchar música, porque vos sabés que nosotros decidimos este camino con alegría, convencidos de lo que hacíamos, y a pesar de que sabíamos que nos podían pasar cosas, estábamos contentos". Y es cierto, ellos siempre cantaban, siempre estaban con alegría. Y agregó: "Jorge se pondría muy triste, y yo si a mí me pasa algo también, porque yo sé que vos podés hacer esto, pero también podés disfrutar. Si no, no vas a poder seguir. Si sólo te atás al dolor y pensás nada más que en esto, no vas a poder seguir, y vos... ¿querés seguir, vieja?" Y yo le dije "Claro que quiero seguir". Todo esto lo tengo en la cabeza, me quedó grabado, y empecé a sentir que disfruto de las cosas que hago, que aunque sean por todo lo que pasó, siento que hay oxígeno, que hay pequeñas lucecitas que podemos ir prendiendo en la gente, dándole ánimo. A veces algún pibe viene, me abraza y llora y yo le digo: "No llorés, esto es así".

Y justamente ahora vamos a hacer un encuentro de rock, el 23 a la noche, de las 21 horas a las 24, se llamará "Encuentro de rock para contar" y las 0 horas del 24 me voy a parar en el escenario y les voy a contar a los pibes qué fue el 24 de marzo, cuánta gente hay que hoy sigue luchando aunque ellos no lo vean, que no todo está perdido, que no todo es negro. Porque para mí, un día de tanto dolor, también tiene que contener a la música, y a los pibes con la música de ellos.

–En los últimos años hubo una fuerte presencia juvenil en los actos de las Madres. Si bien siempre los jóvenes estuvieron junto a las Madres, parece haber una oleada importante. Y vemos pibes que tienen tantos años como la Asociación misma y parecen los Hijos, ¿qué reflexión te merece todo esto?

–Yo creo que los pibes vienen a la plaza y a las Madres porque encuentran un referente, gente que no les va a mentir, que no les va a engañar, que les da un lugar, que les demuestra que la plaza y las calles son nuestras, que las podemos habitar para hacer esto... la Fiesta de la Resistencia, el Encuentro para Contar, las radios abiertas donde vamos a leer listas de periodistas cómplices durante la dictadura, de periodistas que desaparecieron por luchar contra la dictadura y de periodistas que se la jugaron y siguen estando a pesar de todo. Les contamos la historia, y no desde el lado del terror, del cadáver, la tortura, se la contamos desde la vida que dieron nuestros hijos, desde la vida que fueron, desde la vida que son y desde la vida que queremos que sean ellos. Ya que nuestros hijos no pudieron disfrutar de un mundo mejor, que lo disfruten ellos. La pelea se da así, con lo bueno, con lo lindo. Vos no podrías disfrutar de tu bebé si estuvieras todo el tiempo pensando en lo que pasó durante la dictadura, sin embargo vos tenés esperanzas, podés cambiar porque has tenido un hijo, y tener un hijo en un país como éste, es tener esperanzas, esperanzas de cambio, de transformación, de mejorar, porque si no no lo tendrías, dirías no, me encierro.

Sin embargo todos tenemos grandes esperanzas en poder hacerlo, porque lo estamos haciendo, estamos poniendo todo para que esto cambie. La cosa pasa por ahí, por la esperanza que uno tenga y la que le pueda transmitir al otro.

–¿Cómo sería esa sociedad que imaginan las Madres?

–La sociedad que imagino es una sociedad donde podamos compartir. Una sociedad con todos los jóvenes –y digo jóvenes por lo menos hasta los 50 años– debatiendo, leyendo, discutiendo y colaborando con la transformación de a pasitos. Que el que esté en el poder no sea un hombre armado. Que los trabajadores tengan el lugar que tendrían que tener porque son los que saben, trabajan, ponen todo para que el país se haga, que estén en todos los lugares necesarios, en el Congreso –o lo que hagamos, no sé si será un Congreso–. Una sociedad en la cual, si hay poco, todos tengamos poco. A mí no me importaría tener poco si todos tenemos poco, aunque creo que en un país tan rico como este eso no va a pasar. Que la tierra sea productiva, que no haya kilómetros y kilómetros de campo improductivo. Que la sociedad tenga la tierra, y que la tierra dé productos. Imagino un país donde no exista la revista "Caras", ni los hombres y mujeres que aparecen ahí, quiero imaginar un país donde en la televisión no tenga espacio Neustadt, ni Grondona, ni Mirtha Legrand, ni Susana Giménez, ni Cacho Fontana y tantos que me estoy olvidando. Quiero un país donde no tenga que haber comedores para los pobres, quiero un país donde no haya chicos viviendo en la calle, ni hogares para niños de la calle, ni madres sustitutas para los niños de la calle, ni todo eso que se hace alrededor de ellos. Quiero un país que en los jardines de infantes no les tengamos que decir a los pibes que la madre le ponga nombre al cuaderno, al lápiz, que de una vez por todas les enseñemos que hay una bolsita donde cada uno saca algo que es de todos y antes de irse a casa lo vuelve a poner ahí, así no se les inculca este individualismo de que cada cosa es sólo de él. Quiero un país donde no haya lugar para los mercaderes de la droga, los que la venden, quiero un país sin Cóppola, sin el vedettismo de Maradona, me duele la tristeza de Maradona de hoy, quiero un país donde me pueda arrimar al lago Nahuel Huapí y que no me digan "esto es un club privado, no puede pasar", donde me arrime a la orilla del Paraná y no me digan "acá no puede porque esto es de la empresa".

Es muy ideal, pero creo que no es imposible. Todos los países son posibles si los millones que estamos disconformes con lo que nos pasa nos ponemos a trabajar en el lugar que estamos para construirlo.

Gabriel Fernández

SENIDEAK

el largo viaje de la solidaridad

"...Lo que brilla con luz propia nadie lo puede apagar
su brillo puede alcanzar la oscuridad de otras costas.
Qué pagará este pesar del tiempo que se perdió,
de las vidas que costó, de las que puede costar.
Lo pagará la unidad de los pueblos en cuestión
y al que niegue esta razón la Historia condenará.
La Historia lleva su carro y a muchos nos montará,
por encima pasará de aquél que quiera negarlo.
Bolivar lanzó una estrella..."

(Pablo Milanés)

¡QUE NOS LOS DEVUELVAN!

¡ Ojalá mañana no amanezca
pues no he de ver a mis hijos!

Se los llevaron una noche,
una noche para mí eterna.

Se los llevaron con violencia,
sin darnos razones,
quizás por tener cabeza,
quizás por pedir justicia,
quizás por ser de otra idea;
por despreciar la riqueza,
por huir de la opresión.
¡por no querer su guerra!

Por defender a los pobres,
por la libertad, ¡qué idea!
por querer para los hombres
otra vida más humana y sincera.

Pero mañana amanecerá;
¡que nos los devuelvan!

Este poema lo escribió la madre de un preso político vasco en solidaridad con las Madres de Plaza de Mayo. Lo escribió hace unos años, cuando se dio cuenta de que en Argentina –a pesar de la distancia–, ocurría lo mismo que en Euskal Herria; cuando constató, desde la frialdad de los números que, de una población que no llega a 30 millones, Las Madres de Plaza de Mayo lo son de más de 30.000 desaparecidos, como los familiares de Senideak lo son de más de 3.000

represaliados en una población que no llega a los 3 millones –¡qué terrible coincidir en tan escalofriante porcentaje cuantitativo!–; cuando supo que las madres vascas y argentinas compartían las mismas noches oscuras y los mismos amaneceres de lucha; cuando decidió gritar desde Senideak : ¡Que nos los devuelvan!

Porque aquí también, en su democrática dictadura, se llevan por la fuerza a nuestros hijos, compañeras, padres, hermanos o amigas; con su ilegal legalidad los secuestran y torturan durante días en comisaría; con su violación al derecho de asilo político los detienen con violencia en París, Bretaña, Berlín, o donde quiera que se encuentren. Aquí también se saltan sus fronteras y se los llevan de las cárceles francesas a las cárceles españolas violando –siempre violando ¡hasta sus propias leyes!–, el derecho a permanecer en las cárceles de Euskal Herria. Aquí también los extraditan –diciendo cumplir sus leyes–, y los confinan y dispersan, –no diciendo incumplir sus leyes–, porque encarcelándolos no sólo los privan de libertad, sino que los castigan con aislamiento, palizas, desasistencia médica, tratos vejatorios, insultos, amenazas, indefensión jurídica... Aquí también los encarcelan por ser violentamente insumisos. Y todo ello tan sólo –¡qué idea!– por querer otra vida más humana y sincera.

Allá por octubre de 1991, tras muchos años de asistir impotentes a todo tipo de violaciones de los derechos de nuestros familiares represaliados, nos sentimos en la necesidad de juntar fuerzas y crear una asociación a la que dimos el nombre de ***Senideak*** –que en nuestro idioma, Euskara, significa familiares–, porque lo que nos une es nuestra condición de familiares de los hombres y mujeres encarcelados, deportados, confinados y exiliados como consecuencia del conflicto político que sufre Euskal Herria. Junto a las personas que por amistad o solidaridad nos ayudan vimos la necesidad de afrontar y responder conjuntamente a una cuestión que, por su gravedad y extensión, implica directamente a toda la sociedad vasca: la defensa de los derechos fundamentales que a toda persona corresponden, aunque ésta se encuentre privada de libertad. Quisimos que fuera una asociación plural ya que los familiares somos personas de distinto origen, condición y pensamiento, pero sobre todo somos personas unidas por la obligación moral de mover cielo y tierra para lograr el respeto humano que los nuestros se merecen. La injusticia de medidas como la política penitenciaria de dispersión y aislamiento aplicadas a los presos políticos vascos, así como la indefensión en las deportaciones y confinamientos o la incertidumbre añadida en las personas exiliadas, impulsaron la unión de los familiares y la creación de Senideak. Es evidente, pues, que no nos une una ideología concreta, sino la voluntad de defender la integridad y la dignidad de nuestros familiares y la nuestra propia que es, en definitiva, luchar por los derechos humanos más elementales.

Nuestra labor se concreta, por lo tanto, en exigir el cumplimiento de los derechos fundamentales reconocidos y protegidos por las diferentes Leyes y Convenciones internacionales, así como en denunciar, –de forma pacífica y utilizando las vías legales a nuestro alcance–, el sufrimiento generado por su permanente vulneración. En este sentido, desde que se constituyó Senideak, todos nuestros esfuerzos los volcamos en hacer público cualquier quebrantamiento de los mismos exigiendo firmemente, ante las instancias administrativas competentes, su responsabilidad ante cualquier atropello, en la deficitaria aplicación de sus leyes, para con nuestros familiares.

No pedimos nada que no esté establecido en sus propias leyes. Entonces, ¿para qué hacen leyes que no cumplen? Ni siquiera la Comisión de Derechos Humanos del Parlamento tiene poder real para exigir su cumplimiento. Entonces, ¿para qué existe? Parlamentos. Leyes. Derechos Humanos. ¿Para qué? ¿Para quién? Y si nadie nos escucha... ¿Qué podemos hacer? Dicen que son demócratas, pero es una terrrible y cruel mentira, porque si lo fueran Senideak no tendría razón de existir.

Pero Senideak existe y hemos tenido que aprender a andar, a confiar en nosotros mismos, en nuestro valor, en nuestra constancia y coraje. No nacimos en un autobús por casualidad. Ni los familiares nos unimos cada fin de semana por capricho. Senideak creció como fruto de una realidad que exigía la unión y la fuerza. Los familiares debiamos de fortalecer nuestra unidad por encima de situaciones particulares, como una manera de contribuir al proceso que posibilitara el respeto de la ley y de los derechos de nuestros familiares represaliados y los nuestros propios. Y lo hicimos de una forma activa y práctica, sobre la marcha, como han surgido en tantas ocasiones las organizaciones populares en Euskal Herria. Era el único camino que nos quedaba para romper la colaboración de partidos, instituciones, instancias jurídicas y medios de comunicación, cuya pasividad y condescendencia alimentaban ese infernal mecanismo de la tortura y los silencios judiciales; de las palizas y los silencios pacifistas; de la dispersión y los silencios democráticos; de las humillaciones y los silencios pastorales; de las denuncias diarias y los silencios de los diarios...

Y ante esta situación, si no fuera cruel ya de por sí, ellos y ellas se ven obligados –es su única arma para defenderse–, a arriesgar su vida haciendo ayunos indefinidos, siempre para defender su dignidad y exigir que se respeten los derechos que legalmente les corresponden.

¡Pensemos!, la dignidad de nuestros familiares es la dignidad de cualquier ser humano, es igual que vuestra y nuestra dignidad, ¡respetémosla, entonces!, porque sólo de esa manera nos respetaremos a nosotros mismos.

En Senideak no nos cansaremos de repetir que somos del mismo pueblo, vivimos en la misma calle, en la misma casa, estamos codo a codo en las mismas fiestas, en las mismas alegrías, en las mismas penas, y la mayor de las penas es la de que no haya voluntad de compartir, o al menos oir, nuestros gritos de Justicia y Paz . Nosotros y nosotras, Senideak, os pedimos a toda la sociedad vasca, ¡os suplicamos!, que reflexionéis porque ya es mucho –más que mucho, demasiado –, lo que se sufre en Euskal Herria.

Y en este doloroso ir creciendo y aprendiendo hemos comprendido que la vulneración de los Derechos Humanos nos afecta también de forma directa a los miles de familiares y amigos de estos hombres y mujeres represaliados. Las vejaciones, agresiones, arbitrariedades y amenazas se producen en los dos lados de una misma medalla, en los dos lados del muro con el que intentan separarnos, en los dos lados de la frontera con la que intentan dividirnos, en los dos lados del mar con el que intentan alejarnos, en los dos lados de un mismo colectivo humano, –vivo y milenario–, que se llama Pueblo Vasco. Nosotros y nosotras nos sentimos, dentro y fuera, en una situación de indefensión compartida, porque somos, a un mismo tiempo, objetivo y testigos, de la violencia de la cárcel, la deportación o el exilio

Escudándose hoy en la lucha contra ETA, de la misma forma que antaño se escudara en otras luchas emancipadoras, el Poder establecido no muestra ningún reparo en utilizar mecanismos ilegales, violentos y crueles contra nuestros familiares para intentar hacerles renunciar a sus ideales y para sofocar cualquier muestra de nuestra solidaridad y ayuda. El Estado convierte así a nuestros familiares represaliados en diana preferida sobre la que ensayar todo tipo de medidas de desgaste, presión y acoso, ensañándose en la indefensión de los más desprotegidos. Mientras, con nosotros, sus familiares, potencian la soledad impotente del caso individualizado; el desamparo ante tantas instancias y solicitudes y diligencias y formularios; el agotamiento tras amaneceres insomnes por la angustia de lo que allá pueda estar pasando; el desengaño por tantas promesas incumplidas; el desánimo que produce el puro y simple cansancio físico acumulado a lo largo de semanas, meses y años de viajes interminables... el desgaste, en definitiva, como elemento de presión, que se refleje en nuestros rostros e impulse al preso al abandono de la lucha colectiva, a la búsqueda de la salida personal y al encuentro de su derrota.

¡Inutil intento!... Podrán alargar el dolor que acarrea este conflicto pero no verán nunca en nuestros ojos las lágrimas de los vencidos, porque a la impotencia de su soledad responderemos siempre con la fuerza de nuestra solidaridad.

El paso a paso en esta lucha nos ha convertido en infatigables corredores de fondo. Han sido innumerables las acciones que hemos realizado tanto en forma de denuncia en la calle como en intervenciones ante la Administración. Pero nuestra labor de denuncia no se limita a las grandes manifestaciones esporádicas, sino al "día a día" en el trabajo, en casa, en la calle y, como cada fin de semana, en la carretera, por esos ríos de asfalto por los que corre nuestra sostenida, inmensa, costosa y kilométrica solidaridad.

Con más limitaciones y deficiencias de las que quisieramos en Senideak procuramos ofrecer a los represaliados políticos vascos y a sus familiares solidaridad, apoyo y asistencia para afrontar en mejores condiciones una situación que muchas veces nos desborda.

Asistencia a los familiares: Seguimiento de la situación de nuestros familiares: traslados, incidencias, información sobre cárceles...; Organización de viajes a las cárceles, coordinación de visitas...; Atención a las consultas de familiares; Orientación ante detenciones; Problemas económicos; Trámites legales.

Asistencia a los represaliados: Comisión de estudios: desde las cárceles, la deportación o incluso el exilio, muchos de nuestros familiares procuran aprovechar el tiempo estudiando. A pesar de las dificultades, las personas que componen la comisión de estudios se encargan de tramitar las matrículas en los distintos centros de enseñanza, realizar el seguimiento de los estudios o problemas que puedan surgir, hacer tutorías, distribuir apuntes, libros y otros materiales... Asistencia médica: la falta de control y asistencia médica o las deficiencias en materia de sanidad e higiene constituyen uno de los principales problemas a los que nos enfrentamos. Para ello –intentando superar las dificultades y negativas constantes del Estado–, médicos y profesionales de la sanidad conforman un grupo encargado de asistir a los represaliados, controlando su estado físico, indicando tratamientos adecuados y haciendo seguimiento de sus necesidades sanitarias. Asistencia legal: La política penitenciaria específica que se aplica contra nuestros familiares, la proliferación de actuaciones irregulares en las cárceles, la tramitación de denuncias, los procesos derivados de la aplicación de torturas, agresiones... plantean la necesidad de asesoramiento legal constante. Todo ello exige una atención permanente por parte de abogados de confianza de los represaliados y sus familiares.

Información y denuncia: Esta es otra de las tareas prioritarias de Senideak. Las medidas a que se somete a nuestros familiares en prisión, en el exilio o en la deportación están plagadas de arbitrariedades e irregularidades. En la práctica nos encontramos ante una violación consciente y continuada de derechos fundamentales que pone en cuestión la vigencia real de las normativas que rigen un verdadero Estado de Derecho. Desde el nacimiento de la asociación han sido un sinfín las iniciativas que hemos desarrollado para que se conozca la situación y se pongan medidas eficaces para solucionarla: Elaboración de informes, dossieres, vídeos, propaganda...; Información a los medios de comunicación mediante notas, ruedas de prensa, entrevistas...; Contacto con colectivos sociales, políticos, profesionales, culturales y eclesiásticos...; Relación con instituciones: comparecencia en Parlamentos, Ararteko, Ayuntamientos...; Delegaciones a cárceles. Entrevistas –o intentos– con responsables penitenciarios, jueces de vigilancia, fiscales...

Derechos Humanos, Resolución del conflicto...: Relación e iniciativas conjuntas con grupos de familiares o asistenciales: insumisos, presos sociales, otros colectivos de presos políticos...; Participación en diferentes foros o dinámicas con otros grupos sociales: Gestoras pro–Amnistía, Bakea Orain, Elkarri, Gesto por la Paz, Gernika Batzordea, AFAPP, Salhaketa, Oreretako Pakea Taldea, Insumisión...; Impulso de diferentes iniciativas en torno al respeto de los Derechos Humanos: aplicación del artículo 60, reagrupamiento de presos vascos en Euskal Herria...

Internacionales:

Ante la pasividad y falta de voluntad política demostradas por los responsables políticos vascos y del Estado, nos vemos obligados a trasladar nuestro trabajo de información y denuncia a marcos internacionales: Parlamento Europeo, ONU, CPT (Comité para la Prevención de la Tortura), OIP (Observatorio Internacional de Prisiones), O.N.Gs Organizaciones No Gubernamentales, Asociaciones similares en otros países, medios de comunicación... Fruto de este trabajo internacional son importantes Informes y Declaraciones que respaldan nuestra denuncia y critican duramente la política que el Estado español desarrolla contra nuestros familiares represaliados.

En estos momentos los familiares debemos afrontar nuestro trabajo en Senideak teniendo en cuenta una triple perspectiva: la difícil situación que atraviesan nuestros allegados en la prisión, en la deportación y en el exilio.

En los últimos años más de 20.000 hombres y mujeres de Euskal Herria han sido detenidos por motivo de su actividad política y el número de presos políticos vascos ha oscilado entre 500 y 600, distribuidos en más de 100 cárceles de los estados español y francés –de los cuales más de 10 llevan encarcelados casi tantos años como los que Mandela estuvo en prisión–, sin olvidar los casos de refugiados encarcelados temporalmente en diferentes países (México, Bélgica, Alemania, Uruguay, Nicaragua, Portugal...).

Desde 1977 la Política Penitenciaria del Gobierno español ha tenido como objetivo conseguir la reinserción de los presos políticos vascos y la fórmula para lograrlo ha sido la imposición del sufrimiento. La voluntad política de los presos de no rendirse ha hecho que la política penitenciaria se haya convertido en un chantaje cruel y permanente. Así, en un primer momento los presos fueron sacados de Euskal Herria y trasladados a Soria, prisión que se caracterizó por la constante presencia policial en su interior y por las continuas agresiones a los presos. Después vino el traslado masivo a Puerto de Santamaría, fase caracterizada por el alejamiento y la imposición de un régimen militarizado. Seguidamente aplicaron el llamado "modelo alemán" o "cárceles de máxima seguridad" con la construcción de las prisiones de Herrera de la Mancha, Alcalá–Meco y una nueva en Carabanchel para mujeres. Este modelo, que llevó a la muerte a 5 presos vascos, pretendía la destrucción física y psíquica del individuo. Finalmente, el último modelo de la política penitenciaria ha sido y es el de la dispersión, que ha generado graves e incontables problemas tanto para los presos como para los familiares, y sus consecuencias son alarmantes. El balance de la democrática política penitenciaria arroja, como botón de muestra, los siguientes datos: ya son 10 los presos vascos que la cárcel ha matado y 5 los familiares muertos en la carretera; desde 1987 se han producido cerca de 400 palizas y agresiones a manos de carceleros y guardia civiles; son 132 los presos que para este año ya han cumplido las 3/4 partes de la condena y por ley deberían encontrarse en libertad; son 3 los presos que padecen enfermedades irreversibles y tendrían también, por ley, que encontrarse en libertad. Desde algunas instancias pretenden reducir la dispersión a una cuestión de distancia, sin embargo, aunque el alejamiento es un factor importante, la política penitenciaria que se aplica contra nuestros familiares comprende medidas violentas e ilegales –agresiones, aislamiento, desasistencia médica, humillaciones, amenazas, incomunicación...–, que atacan la integridad física y psíquica de las personas encarceladas y las sumen en una total indefensión. El aislamiento sigue siendo una constante, conseguir estudiar en la cárcel es casi un milagro, utilizar el euskera es imposible en la mayoría de las prisiones, y los familiares siguen siendo criminalizados, acosados y humillados por el mero hecho de serlo.

Esta situación de indefensión también ha caracterizado al brazo más largo de la dispersión: la deportación, el confinamiento y el exilio. También estos hombres y mujeres están sometidos a las penurias de una situación irregular y arbitraria, sin documentación, sin posibilidad de trabajar, en países donde la complicada situación interna ha puesto en riesgo sus vidas (Ecuador, Panamá, Togo, Venezuela...).

En la actualidad, tras haber sido deportados por el Gobierno de París, a petición del Gobierno de Madrid, 38 ciudadanos vascos se encuentran en países de América y Africa. Aunque las circunstancias y condiciones de vida varían de un lugar a otro, los deportados vascos están sumidos en la incertidumbre generada por una medida alegal que les niega hasta su propia identidad. En ocasiones se nos ha hecho ver que viven en condiciones óptimas y en lugares paradisiacos, pero la realidad es muy diferente: lejanía extrema, culturas diferentes, indocumentación, enfermedades, presiones constantes, torturas, accidentes mortales...

La situación de más de 2.000 hombres y mujeres empujados al exilio, es muy difícil de evaluar ya que, en la mayoría de los casos, incluso sus familiares desconocemos su paradero y, por lo tanto, sus necesidades y problemas. En los últimos años hemos constatado el empeño del Gobierno español por implicar a terceros países en su estrategia de persecución contra los refugiados políticos vascos (Francia, Uruguay, Bélgica, Alemania, México...). Como consecuencia de este acoso, los exiliados se ven imposibilitados a rehacer sus vidas en otros lugares y obligados a abandonar trabajo, estudios y amistades para poder sobrevivir en duras condiciones. En los casos en que han sido detenidos, hemos asistido a auténticos intercambios humanos por favores económicos, entregas ilegales, violación de leyes sobre extradición, torturas, guerra sucia... Todo ello impulsado por el Gobierno de Madrid.

Mención especial merece la estrecha colaboración del Gobierno francés con el español, por la que estos refugiados políticos se ven obligados a pasar a la clandestinidad. Es entre 1981–1984 cuando se producen cambios importantes en la política del Gobierno francés hacia la comunidad de refugiados vascos: por un lado se aplica la prohibición de residir en Euskal Herria y, por otro lado, aparecen los GAL que asesinan a 28 personas. En julio de 1986 empieza a aplicarse el procedimiento de urgencia absoluta, es decir, la entrega de refugiados vascos de policía a policía, cuyo goteo llegó hasta el número de 192. El saldo de la razzia de octubre de 1987 fue de 110 detenidos. Además, entre los años 1984–1987 se dan 50 casos de deportación de refugiados a terceros paises. En los años siguientes la asignación a residencia es aplicada con absoluta arbitrariedad y prepotencia hacia los afectados. A partir de 1988 son entregados a la policía española decenas de refugiados, sin contar los casos de entregas tras el cumplimiento de sus penas en las cárceles francesas, con el riesgo de tortura que ello conlleva en manos de la policía española. En el verano de 1996 la policía francesa se involucra directamente en el maltrato a los detenidos vascos.

Esta situación, que dura ya muchos años, no podemos aceptarla desde nuestra posición de familiares y amigos de represaliados políticos vascos. Vemos cómo se les está minando física y psíquicamente sin poder hacer nada más que intentar animarlos, pero tampoco podemos permanecer impasibles viendo cómo los están aniquilando. La denuncia en las instancias del Estado español no ha servido para nada. Nadie ha mostrado voluntad de superar esta situación. Existe una sintonía total entre los partidos políticos respecto a la política de dispersión y nadie ha mostrado su intención de presionar para que la situación cambie.

Sin embargo, y pese a todo, no nos cansaremos de repetir que la desilución y la frustración son sensaciones que no tienen cabida en nosotros si queremos seguir apoyando a los nuestros como hasta ahora. Ellos y ellas, lo sabemos, son lo mejor de este pueblo y no podemos fallarles. Por esta razón, la última palabra pensamos que la tiene la sociedad vasca. Ya no es suficiente hablar de paz y entendimiento. Es imprescindible que cada individuo asuma su parte de responsabilidad en la construcción de un sistema que garantice todos nuestros derechos. Y como primer paso hacia una Euskal Herría en Paz y Libertad: ¡Que nos los devuelvan !

¡Que nos los devuelvan ya!
¡Ahora a Euskal Herria, muy pronto a casa!

"Cuando la policía vió que éramos muchas en la Plaza dijo: no pueden estar acá, hay estado de sitio, esto ya es una reunión, marchen, caminen y empezó a golpear... y la policía nos hizo caminar, nosotras no pensábamos marchar."

Nos obligaron a marchar...
violentaron nuestra voluntad.

Fué una orden de salida
...toque de megafonía...
un desalojo atropellado
...¡anden!... ¡muévanse!...
huir del sitio a golpes
...¡circulen!...¡caminen!...
hacernos partir, para partirnos
...golpes...humillaciones...
forzarnos al abandono
.. ausencia...soledad...
lograr nuestro fracaso.

Nos obligamos a marchar...
firmaron su derrota.

Caminamos por plazas circulares, paseando la presencia de los ausentes. Nos desplazamos hasta donde los alejaran. Dirigimos nuestros pasos hacia despachos y tierras ajenas. Recorrimos todos los kilómetros del mundo por caminos de solidaridad. Viajamos con muchas idas y vueltas, silencios y quejas, alegrías y tristezas, pero siempre fuimos avanzando.

Compartimos las salidas. Rompimos el aislamiento. *Huimos del egoismo. ¡Ganamos la partida.!*

¿Por qué Las Madres de la Plaza de Mayo y Senideak son tan diferentes y sin embargo tienen tanto parecido? ¿Son argentinas o vascas las madres que se encartelan con las fotos de sus hijos? ¿Son vascos o argentinos los hijos que cogen el relevo de la lucha? Desde ambos lados del mar, compartimos la lucha.

Senideak nació en un autobús, de la misma forma que vosotras nacísteis en una plaza. No fueron nacimientos calculados, pensados en despachos, ni divulgados por publicistas, sino dolorosos partos de lucha por la vida.

A nosotros también nos obligaron a marchar, a seguir dando vida a nuestros familiares, a recorrer despachos exigiendo los derechos humanos, a viajar miles de kilómetros a cambio de unos minutos de visita. Fue así como nació Senideak. Han pasado ya cinco años –qué cortos quedan los años, cuando las luchas son tan largas– y cinco años más tarde seguimos apoyando a los nuestros. Nuestra movilización, que es diaria, como también lo es la vuestra, tiene una cita semanal a la que os invitamos, para que veaís lo mucho que se parecen nuestras vidas.

Montaremos en un autobús llamado Senideak, que nos ayude a romper el aislamiento, ese castigo añadido a los dos lados de los muros, que nos obliga a marchar para combatir el olvido. No se trata de un viaje real, sino del que interiormente recorremos cada fin de semana, hilando en idas y vueltas el tejido de la solidaridad.

Son las 5 de la tarde de un viernes cualquiera. Los primeros familiares vamos tomando asiento. Nos disponemos a comenzar un viaje del que os hacemos partícipes. A lo lejos, empieza a oirse el sonido de una dulzaina. Son los jóvenes del pueblo que acuden, como cada viernes, a despedirnos. Entre ellos y nosotros hay un pacto secreto. Saben que ellos son nuestro oxígeno, del mismo modo que nosotros sabemos, que también lo somos para todos los que están lejos.

Viernes, 17.00 horas

El autobús de Senideak arranca como cada viernes en Euskal Herria e inicia el viaje con destino a todas y cada una de las cárceles donde se encuentran dispersados nuestros familiares presos y a cada uno de los continentes hasta donde el brazo más largo de la dispersión, la deportación y el exilio, los ha desterrado. Nos separan cientos y miles de kilómetros pero nuestro autobús siempre llega a su destino.

La relación de prisiones en donde se encuentran nuestros familiares no es permanente, pues varía con los continuos traslados (hoy son 79, mañana..). El tiempo invertido para poder comunicar, así

PRISION	RECORRIDO EN KILOMETROS	TIEMPO INVERTIDO	COSTE DEL VIAJE
A CORUNHA	1.526 km	30 h.	18.000 ptas.
ALACANT	1.532 km	36 h.	20.000 ptas.
ALBACETE	1.382 km	24 h.	12.000 ptas.
ALCALA	938 km	10 h.	10.000 ptas.
ALCAZAR DE S.JUAN	1.198 km	24/50 h.	20.000 ptas.
ALGECIRAS	2.468 km	48 h.	25.000 ptas.
ALMERIA	2.064 km	48 h.	25.000 ptas.
AVILA	950 km	10 h.	10.000 ptas.
BADAJOZ	1.536 km	36 h.	15.000 ptas.
BONXE	1.330 km	37 h.	20.000 ptas.
BURGOS	464 km	10 h.	5.000 ptas.
CACERES	1.358 km	36 h.	20.000 ptas.
CARABANCHEL	938 km	14 h.	10.000 ptas.
CARTAGENA	1.710 km	40 h.	20.000 ptas.
CASTELLO	1.102 km	36/40 h.	20.000 ptas.
CEUTA	2.500 km	50 h.	35.000 ptas.
CORDOBA	1.738 km	38 h.	20.000 ptas.
CUENCA	1.272 km	20 h.	20.000 ptas.
DAROCA	696 km	8 h.	12.000 ptas.

PRISION	RECORRIDO EN KILOMETROS	TIEMPO INVERTIDO	COSTE DEL VIAJE
EIVISSA	1.636 km	73 h.	90.000 ptas.
EL DUESO	378 km	6 h.	5.000 ptas.
HERRERA	1.204 km	24 h.	15.000 ptas.
HUELVA	2.202 km	40 h.	20.000 ptas.
HUESCA	510 km	10 h.	10.000 ptas.
JAEN	1.600 km.	20 h.	15.000 ptas.
JEREZ DE LA FRONTERA	2.250 km	36 h.	18.000 ptas.
LEON	866 km	7/9 h.	10.000 ptas.
LOGROÑO	338 km	6/8 h.	10.000 ptas.
MALAGA	2.026 km	48 h.	20.000 ptas.
MALLORCA	1800 km	48 h.	40.000 ptas.
MELILLA	2.512 km	55 h.	40.000 ptas.
MONTERROSO	1.400 km	37 h.	20.000 ptas.
MURCIA	1.614 km	48 h.	20.000 ptas.
NAVALCARNERO	1.000 km	14 h.	10.000 ptas.
OCAÑA	1.066 km	14 h.	10.000 ptas.
OURENSE	1.358 km	21 h.	15.000 ptas.
PALENCIA	636 km	10 h.	8/10.000 ptas.
PUERTO	2.264 km	40 h.	18/20.000 ptas.

PRISION	RECORRIDO EN KILOMETROS	TIEMPO INVERTIDO	COSTE DEL VIAJE
SALTO DEL NEGRO	5.200 km	8 días	100.000 ptas.
SANTANDER	454 km	8 h.	10.000 ptas.
SEGOVIA	858 km	14 h.	5/8.000 ptas.
SEVILLA	2.014 km	28 h.	15.000 ptas.
SORIA	536 km	7 h.	8/10.000 ptas.
SOTO DEL REAL	888 km	14 h.	10.000 ptas.
TENERIFE	5.200 km	8 días	100.000 ptas.
TERUEL	898 km	10 h.	10/13.000 ptas.
TOPAS	938 km	15 h.	15.000 ptas
VALENCIA	1.188 km	25 h.	15.000 ptas.
VALLADOLID	708 km	21 h.	12/15.000 ptas.
VIGO	1.630 km	37 h.	20.000 ptas.
VILLABONA	870 km	24 h.	13000 ptas.
ZARAGOZA	536 km	9 h.	10.000 ptas.
BOIS D'ARCY	1.780 km	35 h.	10/15.000 ptas.
CLAIRVAUX	2.466 km	48 h.	45/50.000 ptas.
FLEURY MEROGIS	1.822 km	30 h.	10/12.000 ptas.
FRESNES	1.822 km	30 h.	15/20.000 ptas.
GRADIGNAN	472 km	2/3 días	25.000 ptas.

PRISION	RECORRIDO EN KILOMETROS	TIEMPO INVERTIDO	COSTE DEL VIAJE
IZEURE	1.420 km	24 h.	15/20.000 ptas.
LA SANTE	1.822 km	36 h.	15/20.000 ptas.
LANNEMEZAN	470 km	9 h.	15/17.000 ptas.
NANTER	2.000 km	37 h.	20.000 ptas.
OSNY	1.760 km	38 h.	30.000 ptas.
PAU	330 km	12 h.	5.000 ptas.
RENNES	1.542 km	24h./48 h.	25.000 ptas.
SAINT MARTIN DE RÉ	838 km	20 h.	12/15.000 ptas.
SAINT MAUR	918 km	20/22 h.	12/15.000 ptas.
UZERCHE	950 km	24 h.	12/15.000 ptas.
LISBOA	2.600 km.	24 h.	25.000 ptas.
DEPORTACIÓN	**DURACIÓN DEL VIAJE**	**COSTE DEL VIAJE**	**COSTE DE ESTANCIA (1mes)**
CUBA	32 h.	130.000 ptas	300.000 ptas.
VENEZUELA	26h.(Caracas)/32h. (fuera de Caracas)	130.000 ptas./ 170.000 ptas.	300.000 ptas.
REPUBLICA DOMINICANA	20 h.	140.000 ptas.	300.000 ptas.
PANAMA	26 h.	130.000 ptas.	300.000 ptas.
CABO VERDE	20 h. (avión-avión)/ 48 h. (tren-avión)	160.000 ptas./ (+noche en Lisboa)	300.000 ptas.
SAO TOMÉ	23 h. (avión-avión)/ 51 h. (tren-avión)	150.000 ptas./ (+noche en Lisboa)	100.000 ptas.

como los costes de los viajes, nos pueden dar una idea del castigo añadido que supone la aplicación de una medida política como la dispersión al conjunto de los familiares. Ese castigo añadido es cuantificable. La media en kilómetros por visita asciende a 1.321 y los gastos a 17.045 pesetas por familiar, esto es, cada familiar recorre esta distancia y gasta esta suma cada semana del mes, año tras año. El análisis de los kilómetros recorridos, las horas invertidas, el dinero gastado, nos introduce en una relación fría de números, en la que no se plasman las largas esperas en estaciones, las pérdidas de combinaciones por culpa de unos horarios de visita que dificultan las comunicaciones, la pérdida de horas de trabajo, los imprevistos en carretera, el continuo peligro de accidentes, las consiguientes cargas económicas...

Así pues, aunque la legislación penitenciaria contemple el derecho a dos visitas semanales, la lejanía de nuestros familiares presos hace que no sólo sea imposible su realización, sino que una sola visita a la semana suponga una considerable sangría económica.

Suponiendo que un número de personas equivalente al número de cárceles actuales acudiera a una sola visita a cada una de ellas, la totalidad de estos viajes arrojaría una distancia de 94.433 km. (2 veces y media la vuelta a la tierra), un tiempo invertido de 92 días (tres meses) y un coste de 1.388.000 pesetas. Ahora bien, sabiendo que en general hay más de un preso por cárcel (Almería 14 por ejemplo), es casi incalculable lo que al año o simplemente al mes supone para el conjunto de los familiares el visitar a cada uno de los presos políticos vascos.

En la situación actual de dispersión y en el caso de que los familiares ejerciéramos el derecho a dos visitas semanales..., el poder hacerlo conllevaría un coste de más de 3.000 millones de pesetas.

Su consecuencia es clara: por una parte no se puede ejercitar el derecho a la visita por el coste económico que supone y, por otra, aún en el supuesto de poderlo ejercer, las distancias nos lo impedirían ya que nos obligarían a estar toda la semana viajando, sin darnos tiempo a llegar a la visita.

Y todo ello sin tener en cuenta los números –kilométricos y en gastos–, que arroja la deportación y el exilio.

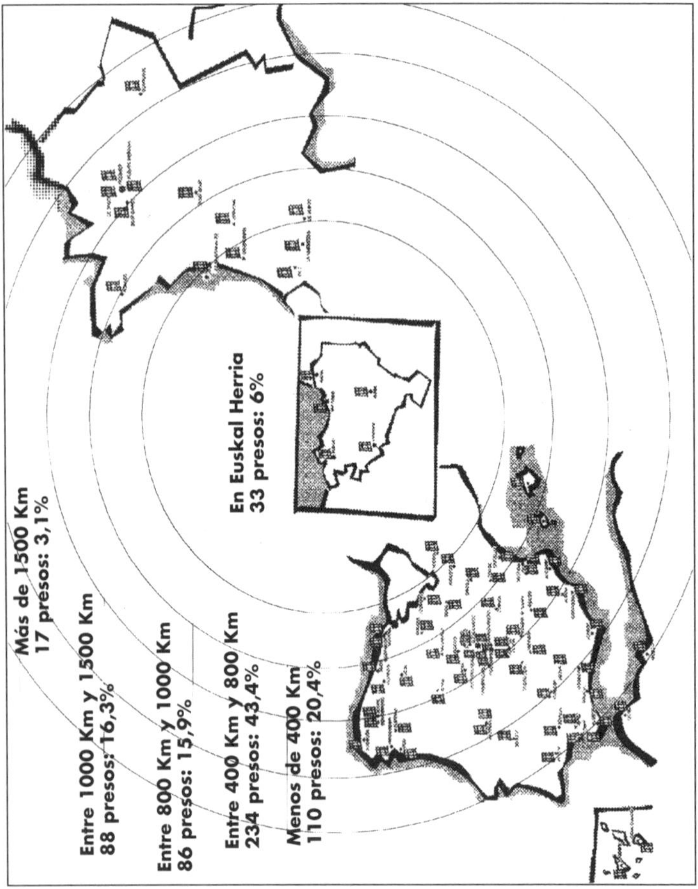

Más de 1500 Km
17 presos: 3,1%
Entre 1000 Km y 1500 Km
88 presos: 16,3%
Entre 800 Km y 1000 Km
86 presos: 15,9%
Entre 400 Km y 800 Km
234 presos: 43,4%
Menos de 400 Km
110 presos: 20,4%
En Euskal Herria
33 presos: 6%

Viernes, 18.00 horas

Nos encontramos secuestrados dentro del autobús que habitualmente nos lleva a visitar a nuestros familiares y amigos presos. Ya deberiamos estar de camino. Puede que no lleguemos a tiempo. Fuera del autobús la Ertzaintza, con una docena de furgonetas, coches patrulla y camuflados, con sus agentes armados hasta los dientes: lanzapelotas, lanzabotes de humo, algo parecido a una recortada, incluso pistolas en la mano. Creiamos que aquellos famosos controles de la Guardia Civil que sufríamos en las marchas a Herrera habían quedado atrás. ¡Ilusos! Únicamente han cambiado el uniforme.

Como venimos haciendo viernes tras viernes, hemos subido al autobús para ponernos en camino a las distintas cárceles que son nuestro destino. Acababa de finalizar una concentración en la que una vez más se exigía, en cumplimiento de la legalidad vigente, el reagrupamiento de los presos en Euskal Herria, cuando nos hemos visto rodeados por un gran número de ertzainas cubiertos por los cascos y las capuchas, que pretendían subir e identificarnos para detener a ese alguien que según ellos había dado una patada en el culo a una agente. Nos han retenido durante aproximadamente hora y cuarto, y durante ese tiempo se ha ido concentrando cada vez mayor número de personas. Ante las presiones y muestras de solidaridad, nos han permitido continuar, pero diez minutos más tarde, ya fuera de la ciudad, donde su impunidad es absoluta y escudándose en la oscuridad y el aislamiento, han vuelto a pararnos y aquí seguimos rodeados, iluminados únicamente por los destellos azules de sus patrullas.

Pero no subirán, a pesar de las amenazas, primero de asaltar el autobús y luego de detener al conductor, porque no pensamos claudicar ante el chantaje al que nos están sometiendo. Tenemos claro que su intención no es sino impedir que hagamos llegar a nuestros familiares y amigos el cariño y la solidaridad de su pueblo. Saben que castigándonos a nosotros les castigan a ellos. No es otro el motivo de este secuestro, que no sabemos cuándo ni cómo acabará.

De repente el conductor nos informa de que le amenazan con arrancar la puerta y, de hecho, ahora mismo lo están intentando con una palanqueta. No sabemos qué va a pasar pero ya han roto el cristal de la puerta derecha y están entrando. Se oyen golpes, insultos, amenazas: "al que se mueva lo ostio", "quédate quieto hijo de puta",... Uno de los chóferes está en el suelo. Ellos le han tirado para sacarle del bus. El otro conductor, junto con un familiar –el primer joven al que han encontrado–, han sido detenidos y esposados. Un segundo familiar que también ha sido sacado del autobús y al que hemos visto con la bocacha en la garganta, ha podido regresar al de un rato. Los demás aquí seguimos, varios de nosotros heridos por los golpes de los ertzainas.

No quieren testigos. Estamos en esta carretera que ellos se han encargado de que esté desierta cortando el tráfico en ambas direcciones. A los periodistas, abogados y cargos políticos que se han acercado, preocupados por nuestra absoluta indefensión, los mantienen lejos para que no puedan ver nada.

Una denuncia para quienes nos han hecho vivir terribles momentos de tensión y miedo. Mila esker para quienes nos han mostrado su apoyo y solidaridad con pancartas, aplausos, gritos o heciéndonos saber que estaban allí mediante el sonido de los claxones de sus coches. Difícilmente pueden hablar de Paz y de su consecución los que al mismo tiempo se dedican a apalear impunemente a familiares indefensos.

Viernes, 19.00 horas

Estamos hartos de sufrir tanta provocación. ¡BASTA YA! No vamos a admitir semejantes comportamientos. Si con estos sucesos el mensaje que se nos quiere hacer llegar es que se ha abierto la veda y caza del conjunto de familiares, nosotros y nosotras, ante estas situaciones de represión, nos sentimos más que legitimados para responder a las agresiones. No podemos entender cómo esa policía autónoma que dicen es del Pueblo Vasco, desea batir sus propias marcas y, de paso, se esfuerza en sobrepasar a sus correligionarios españoles intentando paralizar un autobús de familiares dispuestos a recorrer más de dos mil kilómetros para transmitir un cariño tan vital a los suyos encarcelados. Pero que sepan que mientras tengamos un hilo de aliento los nuestros no dejarán de tener una visita por nada del mundo.

Yo soy una madre más de las muchas que somos. Unas con más años, otras con menos, pero todas y cada una llevamos a nuestras espaldas el peso de esta situación que nos han impuesto. Desde que hace once años y medio se llevaron a mis dos hijos, sigo recorriendo las diferentes cárceles por donde les han ido trasladando, cada vez a un sitio más lejano. Cuando mataron a uno de mis hijos, su hermano se encontraba preso en Cartagena, bastante mal, pero por lo menos podía aliviar su dolor hablando con sus compañe-

ros. Sin embargo, sólo habían pasado once días cuando lo trasladaron a Jerez de la Frontera. Allí lo dejaron con las cuatro paredes que le rodeaban. Así ha subsistido los últimos cuatro años. Sólo 40 minutos de visita a la semana han roto su aislamiento absoluto. Durante cuatro años he tenido que conformarme con verle a través de un cristal, eso sí, con la grabadora funcionando, porque si no, nos quedábamos sin visita.

Así hasta que en mayo de este año –se conoce que pensaban que tenía demasiadas visitas–, se lo llevaron a Tenerife. En esta ocasión apretaron más las clavijas. Desde esta fecha se encuentra aislado en las celdas de castigo, situadas en los sótanos de la prisión. El patio de ese módulo tiene 16 x 6 pasos, barrotes y rejillas arriba, y una cristalera para que el funcionario no le pierda de vista.

No me podía hacer a la idea de a dónde lo habían llevado hasta que, a los diez días de su traslado llegué a verlo. Jamás podré olvidar el gesto que vi en su cara cuando me lo trajeron esposado ante los cristales de la visita. Ni cuando mataron a su hermano lo vi tan destrozado. Me llegó a decir que había salido a la visita por venir yo de tan lejos –4.000 km. para una visita de 20 minutos a través de un cristal, eso sí, con la grabadora funcionando– , pero al despedirse volvió a repetir: "¡Jo ama, tú levantas el ánimo a cualquiera!".

Han pasado cinco meses y desde entonces sigue en la misma situación, aislado del resto de sus compañeros. Ahora recibo la noticia de que han iniciado una huelga de hambre indefinida para exigir que se respeten sus derechos y acabar con el aislamiento impuesto. ¿Qué más tienen que hacer?

Soy una amatxo que de verdad sólo ha sabido y sabe hablar de verdadera Paz y desea llegue pronto para todos con el respeto y derecho que a todos nos corresponda, y que sabe también que la verdadera Paz sólo se conseguirá cuando los tengamos en casa.

Viernes, 20.00 horas

No llevas ni cuatro horas de viaje, aún faltan muchas más por delante; miras por la ventana, fuera van desfilando imperturbables esas tierras llanas, interminables, tan ajenas y sin embargo ya casi familiares, tierras ocres, amarillas, distintas a las nuestras, pequeñas, rodeadas de monte y de todos los colores del verde. Te va invadiendo cierta tranquilidad, o será cansancio, porque todos los viajes cansan pero la ida se nos hace siempre más corta y es que a la llegada están ellas, están ellos. Sacas de tu mochila la carta que te llegó inesperada esta mañana, con un retraso de más de un mes tras un siniestro recorrido por pulcros despachos y manos sucias. Te acurrucas en tu asiento, cambias de postura y vuelves a leerla, ahora sin tanta prisa. Te preocupa una vez más esta nueva huelga de hambre...

> *"El resumen de la anterior huelga va a resultar una anécdota comparado con lo que viene. Pero lo aprendido nos viene de esa huelga. Pensamos que la técnica empleada para esta vez nos va a resultar menos dañina que la anterior, aunque lleguemos al suero. Pero sí quería mencionar como experiencia o vivencia descriptible, que esta lucha posee más de un sabor, así nos ocurrió. A sabiendas de que tienes razón, te rearmas y eres duro. Se da una preparación psicológi-*

ca, una prestación a lo que venga, que rompe las primeras barreras (y son las importantes o las imprescindibles para dar los últimos empujones)... Pero los días, amiga, no pasan gratuitamente y es cuando surgen los problemas físicos y no físicos, los propios y ajenos, las esperanzas en alza y las horas bajas. El verte a tí mejor que al compañero o al revés. La grandeza de la lucha, sentir que eres tú, que nadie te domina. O sentirte pequeño, que nadie te escucha, que sabes del hoy y nada del mañana... Te desconcierta un poco, y es la lucha... Vuelves a tí, te vas de tí, pero sigues en rebeldía".

No puedes evitar sentir algo de remordimiento al leer ese párrafo escrito ya hace más de un mes, sin reproche y seguramente ya olvidado.

"El miércoles me preparé para la visita, je, je. Se me ocurrió pensar que podrías haber venido, que aunque normalmente avisas, pudiera resultar alguna sorpresa ¿no? Y como andamos a medio afeitarnos, con ropas de labor (me fastidia que me pillen infraganti) me afeité, me vestí y esperé. A lo largo de la mañana ya me fui convenciendo de que no, de que esta vez había fallado mi olfato pero esperé, por si las moscas, cada vez más convencido que no vendrías".

Siguen desfilando tierras y pueblos, te detienes en una línea: *"antes sabíamos pelear, ahora, sin embargo, sabemos hacerlo mejor"*. Tú también sientes lo mismo. Tu vecino del asiento delantero asoma la cabeza, te sonríe y sin palabras, antes de desaparecer, te ofrece un cigarro...

"No sé si la historia se repite o no, no sé cómo lo definirán los eruditos, pero qué parecidos tiene. Me he dado cuenta de que muchos abertzales han vivido antes el problema de Euskadi, la lucha por la Independencia, no sé, con tanta o mayor ilusión que hoy. Y esto me ilusiona a la vez que me da mayores fuerzas, ganas y voluntades para echar para delante. A mí me gustaría vivir tranquilo, en paz, estar contigo y nuestros amigos y amigas, disfrutar de la naturaleza, tener hijos, hijas... y hacerlo lo mejor posible. Pero no, no puede ser. No sé porqué motivo nos llevan a las antípodas de nuestros objetivos más directos. Y nuestro lema se convierte en guerra a la guerra... cuando en realidad queremos vivir en paz. Posiblemente la vida sea eso, la lucha diaria, las chispas que salen al chocar "el deseo" contra "lo establecido" para mantener la dignidad y sentirse vivo realmente. Para bajar la cabeza siempre hay tiempo ¿no?"

Ya va escaseando la luz y guardas los folios dentro del sobre, el sobre dentro de tu mochila...

Viernes, 21.00 horas

Durante estos años el hacer efectivo el derecho a la visita a las cárceles o viajar a miles de kilómetros hasta otros continentes para poder ver a nuestros familiares exiliados o deportados ha supuesto no sólo hacer frente a las distancias y consiguientes cargas económicas sino a los peligros que estos viajes acarrean y que ya se han cobrado seis víctimas mortales en las personas de Arantza Amezaga, Rosa Amezaga, Pilar Arzuaga, Alfonso Isasi, Matilde Arribilaga y Miren Astigarraga.

Nuestro más cariñoso recuerdo para él y ellas.

Viernes, 22.00 horas

Llegó el día, 14 de mes. Subimos al avión y comenzamos el viaje. Todo iba bien, eso sí, Miren no durmió nada, seguía dándole vueltas a la cabeza. Fue cuando anunciaron que faltaba poco para la llegada. No sé si fue la emoción o qué, pero empezó a sentir como un mareo. ¿Qué, Miren? Le preguntamos, pero no podía respirar, estaba muy apurada. Para cuando aterrizamos, Miren no reaccionaba. En cuanto llegamos, la trasladaron a un hospital y yo me adelanté para buscar a Joxemari. Allí lo encontré, entre tanta gente... y le dije: "ama está mal y la han llevado al hospital".

Todavía recuerdo las palabras de Joxemari cuando le llamé para anunciarle que íbamos..., con su madre..., y me dijo, ¡nunca lo olvidaré!, "por favor osaba, cuida bien de ama, que no le pase nada".

Conocer la noticia de su muerte fue lo más terrible, fue muy fuerte. Sin Miren... Su única ilusión era volver a ver a su hijo, era una pena que llevaba dentro desde hacía 6 años. Así solía decir siempre: "¡ ay, cuándo veré a mi Joxemari!" Verlo era su única ilusión, ya días antes de partir andaba emocionada y feliz. Ella, claro, no decía nunca nada, ya sabes, Miren era de esas mujeres fuertes que sienten por dentro pero nunca lloran. Días antes ya tenía todo bien preparado. Llevaba regalos y ropa que ella misma había hecho para su única nieta, recién nacida. Ella solía decir: "¡ ay mi nieta, mi hijo!, ¡y voy a conocer a su mujer!" Y al final, no pudo abrazar a ninguno.

El padre de Joxemari..., sería imposible encontrar a un hombre tan sanote. Murió de repente, sin poder ver a su hijo. Y después... Miren. Durante los años que vivió sin poder ver a Joxemari, su única ilusión era esperar su llamada. Siempre ha sido muy animado y cada vez que hablaba con ella, "que si ama no sé qué, y ama esto y ama lo otro...". Era feliz cuando hablaba con su hijo.

Igual que el tiempo en que estuvo refugiado en Iparralde. Miren era la que se encargaba de las comidas, esa era su ilusión y ¡con qué alegría pasaba todo el día en la cocina, preparando cazuelas... era increíble! Luego, en el coche de la familia íbamos a verle, no sé cuántas cosas llevaba. Eso sí, siempre preparaba la comida preferida de Joxemari, "okela lotua saltsan". Luego, sacar y abrirlo todo y allí daba de comer a todos, feliz, era su ilusión.*

Joxemari no era su hijo preferido, pero al tenerlo lejos de ella, su mayor felicidad era poder visitarlo. Además, él es tan cariñoso y simpático que se deja querer. Me acuerdo cuando nos juntábamos todos y él cogía a su ama por la cintura y le daba vueltas entre abrazos y besos... y con su izeko igual–igual, de ¡aúpa! Siempre besándose y felices.

Hoy, los restos de Miren Astigarraga descansan junto a su hijo exiliado Joxemari, en la misma tierra que lo acogió.

Viernes, 23.00 horas

A la hora de valorar la deportación y el exilio, no deberíamos hacerlo en comparación con la cárcel. Cada una, deportación, exilio y cárcel, tienen sus particularidades y deben ser tratadas de forma independiente.

La deportación y el exilio suponen una profunda lejanía con todo lo que ello conlleva. Son tantos los kilómetros que los separan de nuestra tierra, de nuestras gentes, que podemos pasar años sin ver a nuestros familiares. Algunos van muriendo, os imaginaréis la tristeza que esto da a miles de kilómetros y nuestros hijos van creciendo y no nos tienen a mano cuando nos necesitan. También son un gravamen para nuestras familias, pues los tenemos que ayudar económicamente y los viajes a América y a África son muy caros.

La deportación les hace sentir un poco como vegetales, inactivos, quemando los días, año tras año, en espera de días mejores. Vivir fuera de la realidad empobrece, las informaciones les llegan atrasadas y cómo no, manipuladas. Lo único que pueden hacer es resistir. Esa es su mayor contribución al proceso de nuestro pueblo y esto, a veces, les da unas quemadas impresionantes, pues la inactividad puede llegar a desequilibrarles.

Jurídicamente no existen, legalmente no tienen derecho a nada. Son una moneda de cambio entre el Gobierno español y los diferentes gobiernos de los diferentes países de la deportación y el exilio, países pobres y con gran inestabilidad política, países muy diferentes culturalmente al nuestro y, a veces, la adaptación se les hace difícil. Los que tienen la suerte de encontrar un trabajo, os podéis imaginar en qué condiciones lo consiguen: un montón de horas de trabajo, salarios ínfimos, sin seguro y a menudo sin vacaciones. Es decir, retroceder al pasado y renegar a tantos años de lucha obrera por conseguir cierta dignidad en sus condiciones de trabajo y de vida.

Un tema muy preocupaste en la deportación y en el exilio es el de la salud. En esos países pobres la medicina en general es bastante deficiente y abundan todo tipo de enfermedades a las que están continuamente expuestos: paludismo, cólera, hepatitis, SIDA... enfermedades contagiosas que llegan a ser mortales.

Tal vez no le concedamos a la deportación la atención que deberíamos cuando es el brazo más largo de la dispersión.

Sábado 00.00 horas

Kaixo familia!

¡Qué felicidad poder leeros, besar, abrazaros... Llorar de contento sabiendo por mil veces más cuánto me queréis y cuánto os quiero, sabiendo de nuevo, otra vez, mil veces más que estamos juntos, que pensamos igual, que vivimos igual, que luchamos igual. Es verdad que muchas veces siento, noto y palpo que estáis a mi lado viviendo juntos esta vida. Pero voy a contaros una cosa que también es verdad. Por veces, por días, por tiempo, los recuerdos no me vienen, no me llegan, es la época de los días en que

soy de aquí en cuerpo y alma, de sentirme uno más, como si hubiera vivido toda la vida aquí. Pero tarde o temprano aparecéis vosotros, mi cuna, mi origen, mi carne.

¿Sabéis de qué me acuerdo bastante? de la mesa de mármol de la cocina, de los 5 sentados y la cazuela que solía estar encima de la plancha de la calefacción. Alubias aquí comemos todos los días mañana-mediodía-tarde noche, sólo cocidas con sal nada más eso con tortilla (no de huevos sino de maíz cocido con cal y hecho como talo). Esa es toda la comida. Por eso no os extrañe que haya recordado todos los platos que me he comido en mi vida con preferencia en todo, lo de casa: callos, rabo, lengua, albóndigas, porrupatatak, ¡ufff!, se me abre el apetito.

No sé de qué escribir más, si de aquí o de vosotros. Ahora os toca: "La madreta" espero que esa familia que te quiere demasiado te haga sentir y te dé todo lo que yo te mando desde aquí, mis risas, mi alegría, mis sentimientos. Ama estoy llorando no de tristeza sino de agradecimiento. Te quiero demasiado... y a veces pienso que te he hecho daño, has sufrido por mí... has tenido pena, has visto cuando me detenían, me has visto en la cárcel, me has visto salir de casa, salir de nuestra patria, de nuestro país, me has visto alejarme... Todo lo que he hecho, todo lo que puedas suponer que he sufrido, no he sido yo, habrá sido mi cuerpo, yo sigo siendo el potolo de siempre, el que dice que no regalo mis ojos porque son tuyos, porque soy todo tuyo. No lo leas como algo que siempre te he dicho, no lo leas como algo que se te ha dicho siempre. Tu imagen es la de este pueblo por el cual lucho, es la imagen de mi pueblo por el cual lucho. Me has hecho ver en ti, la razón de lo que soy y en lo que me he metido.

Aitxe, aitxa, qué te puedo decir que no te haya dicho con palabras, los dos callados, cerca con los pensamientos al lado uno del otro, los hechos cerca, la lucha pareja. El orgullo de haber nacido en Euskadi, de pertenecer a un pueblo, de tener una razón, mil razones para luchar, para ayudar, para aprender, para ganar, para no ser vencido. Te entiendo, te he entendido. Creo que he sabido lo que nos quieres decir.

Un día de estos me di cuenta de lo que es pertenecer al mundo, de lo que es ser vasco, de lo que es ser luchador, lo que significa ser de aquí, lo que es tener dos pueblos para amar, un mundo por el que luchar. Y lo único que elijo sois vosotros. No sabéis cual importante sois en mi vida, lo importante que sois en esta lucha. Sois mi familia, mis amigos, los de siempre, los de para siempre.

Musu haundi bat denori.

Sábado, 01.00 horas

Somos un autobús de familiares, pero ante todo, somos un autobús solidario. Nuestra larga y pesada ruta siempre hace escala en la parada de la amistad, ayuda y solidaridad. Ellos no son de Euskal Herria pero al igual que nosotros y nosotras, son familiares de hombres y mujeres que *sufren "la violencia de la agresión externa, esa que forma y conforma una parte importante de la cultura vasca"*. Ellos, que nos acompañan también en este viaje, son familiares de represaliados políticos que junto a los nuestros *"han encontrado una sociedad viva y han decidido vivir "donde" y "como" han elegido"*.

Escribo esta carta cuando se cumple un mes de la detención de mi hijo con otros 5 jóvenes en Vitoria. Desde entonces están incomunicados. Creo que ha sido el peor mes de mi vida, y mi vida no ha sido fácil, ni mucho menos. Todos los días me duermo y me despierto pensando en cómo estará, cómo estará asumiendo la soledad y el tiempo interminable entre cuatro paredes, en definitiva cómo estará moral y físicamente.

Al principio me atormentó el daño físico, según iba conociendo las torturas a las que fue sometido. Estas son imágenes que trato de quitarme una y otra vez de mi mente, pero no lo consigo. Después me he enterado de las nada sutiles maniobras que utilizan para dañar moralmente a la gente, y tengo miedo otra vez.

Sé que todo lo que me está sucediendo a mí no es diferente de lo que están pasando y han pasado cientos de padres y madres vascos desde hace décadas, pero es que además hay cosas en mi hijo y en mí que debemos aprender a superar. Ni él ni yo hemos sufrido la violencia de la agresión externa, esa que forma y conforma una parte tan importante de la cultura vasca.

Eso es lo que de educación histórica, incluso de inconsciente colectivo, no ha tenido mi hijo. Nació en Madrid y empezó a ser personilla cuando Franco ya había pasado –según espero– a peor vida. Nosotros, –me refiero a mis hijos y a mí–, nos sentimos agredidos en muchas formas, sociales o familiares, pero no como Pueblo, no políticamente. Aprendimos en este sentido a emplear ciertas defensas, pero otras no. Yo personalmente cometí el error –pienso que el mismo error que cometieron muchos españoles–, de creer que era el tiempo de soñar, de pensar, que de verdad podíamos ser diferentes a la España eterna. Nos atrevimos a confiar en que era el tiem-

po de construir. El tiempo se ha encargado de demostrarnos que para construir algo nuevo hay que destruir lo que estorba, aquello que va frontalmente opuesto a lo que se necesita levantar. Ese fue el error en España. "Transición o ruptura" se decía entonces, y "todos" los partidos políticos decidieron que las cosas que estaban atadas y bien atadas no estorbaban. Mi hijo debe sus calvas y las cariñosas coces recibidas, y como él, otros chavales deben otras muchas cosas, a una de esas estructuras atadas y bien atadas.

Tengo que daros las gracias. Gracias porque mi hijo ha encontrado una sociedad que está viva y gracias porque puede vivir "donde" y "como" ha elegido. Gracias por ofrecerle una vida con sentido. Lo único que me alegro de haberle inculcado es la conciencia del "NO". Yo sí he dicho "NO" a muchas cosas, tanto en el orden social como en el político y en el familiar porque estoy segura de que muchas personas –lo sigo comprobando día a día–, se hubieran matado y se matan por conseguir aquello a lo que yo he dicho NO por ética o por conciencia personal. Pues mi hijo ha dicho NO a una sociedad que le ofrecía como salida la alienación más absoluta, como única alegría la llegada a la final de fútbol de su equipo favorito y como tema de conversación en los pubs la intranscendencia del consumo o los dineros y los viajes obtenidos en cualquier tonto concurso de la televisión del ji ji o ja ja. O la droga, ese producto que sirve para quitar de en medio a los hijos de trabajadores que si llegaran a edad laboral, o elevarían las cifras de paro o asfixiarían las cárceles. Porque esta es la oferta a los jóvenes que postula la España de hoy. Lo que tiene el poder muy claro es que no quiere que los jóvenes piensen y eso lo están combatiendo a brazo partido. Y quizás por él han detenido a nuestros hijos, porque piensan, porque tienen ideas, miran a su alrededor, ven y deciden.

Pues gracias, gracias por todo eso, pero tenemos mucho que hacer mi hijo y yo. Mi hijo tiene que aprender a tener las antenas puestas para saber por dónde le van a venir los golpes y tener la suficiente fuerza como para encajarlos y sobrevivir entero. Yo también necesito ayuda porque estoy asustada. Sé que algunos de mis miedos no son sólo míos y ya que advirtió mi hijo cómo debía encajar las cosas. Sin embargo, todavía hay demasiadas cosas que no comprendo...

Sábado, 02.00 horas

Hace ya varias horas que decidimos parar en algún lugar de ese paraje desconocido para cenar algo, descansar y prepararnos para continuar en nuestro objetivo. Cargados de amor, entre la oscuridad y el silencio de la noche, las próximas horas se llenan de una soledad inmensa que no te permite dormir, sino pensar en el pasado, en el presente y en el mañana.

Los familiares no sólo representamos sentimiento, también somos soporte, fuerza, responsabilidad política, económica y social. Mantenemos al preso para que continúe su lucha "dentro" y somos el eje que mantiene su equilibrio sicológico y sentimental.

En este momento, el 80% de los familiares de Euskal Herria somos compañeras; mujeres que día a día tenemos que enfrentarnos a esta nueva forma de vida y en quienes recae este importante cambio.

En la mayoría de los casos algunos familiares no hemos interiorizado esta opción ni somos conscientes de qué tipo de consecuencias puede acarrear el camino que ha elegido nuestra hija, compañero o madre. Es aquí donde se inicia una nueva vida, sobre todo para todas nosotras, las compañeras.

Cuando tu compañero está refugiado sigues siendo una "pieza" muy importante para el enemigo, quien va a hacer un seguimiento exhaustivo de su entorno más cercano, sobre todo, de su compañera o amiga. Esta situación conlleva siempre miedo, ¿te detendrán?. Tu subconsciente te obliga a olvidar nombres, lugares, detalles, incluso los más insignificantes, y es entonces cuando directamente surge ese temor a que te detengan, una angustia total cuando vas a verle, ¿me estarán siguiendo?, ¿y si cae por mi culpa?, ¿lo cogerán? Te pasas todo el día escuchando las noticias y esta desesperación aumenta cuando comienza la guerra sucia o cuando el nombre de tu compañero empieza a resonar constantemente en los medios de comunicación. Entonces, directa o indirectamente, empiezas a ser consciente de la represión. Los "txakurras" están día y noche apostados a tu puerta, o siguiéndote por la calle, o las amenazas por teléfono son continuas, y un día amaneces con las ruedas de tu coche pinchadas...

Esta situación también tiene su lado positivo, aunque vivas momentos de tensión y angustia. La obligada distancia o el hecho de no poder estar juntos reaviva y refuerza la confianza, y enriquece la relación a nivel político y personal. Te da la oportunidad de conseguir una relación plena. Abres nuevas relaciones con gente implicada en el mismo camino o que viven las mismas situaciones, y te sientes libre como revolucionaria y persona.

Cuando lo encarcelan cambia totalmente tu vida, y sobre todo es esa libertad la que se ve anulada. El lastre de la cárcel entra de lleno en su día a día y te imprime la impotencia de pensar ¿cómo estará?, ¿estará enfermo?, ¿le habrán pegado?, ¿cómo se sentirá fuera de la actividad?. ¿Qué hacer frente a esta situación "nueva"? La ropa, los libros, el paquete del año, los permisos, coger hora para la visita, preparar los viajes... En una palabra, también nos encarcelan a los familiares.

El tiempo físico y psíquico de nuestra vida se ha hipotecado, sobre todo en el pensamiento. Me gustaría saber cuántas veces durante el día, mientras estamos despiertas, nos viene a la cabeza nuestro compañero y la cárcel.

Más fuerte resulta cuando hay hijos por medio. Tomas tú las decisiones, eres la responsable económica y te tienes que hacer cargo de los medios necesarios para continuar viviendo. Pero además, a todo ello se suma la tarea de mantener las necesidades y los lazos con tu compañero. Tu libertad personal se reduce al mismo tiempo que aumenta una soledad y angustia que nunca te atreves a exteriorizar. Te conviertes en su oxígeno, en "yo soy yo y mi compañero" y te sientes obligada a cómo y con quién hablar, a dónde ir o a qué hacer.. Nos convertimos en la sombra de nuestros compañeros, en su referente para una sociedad que ha mitificado al preso.

En nuestra vida el tiempo juega un papel muy importante. Saltas constantemente de un mundo a otro totalmente diferente. Las idas siempre son estimulantes y las visitas un aliciente. La vuelta, nunca. ¿Cuándo llegará el siguiente día para verle? ¿Cuándo llegará la victoria para vivir juntos...? A veces sales feliz de la visita pero cuando te pones de camino a casa, inmersa en tus pensamientos, siempre tienes momentos de nostalgia y silencio.

La calle recrea un sinfín de valores que te ayudan a mantener el equilibrio, en la cárcel te los tienes que crear: Se mantienen con estudios, lectura..., potencian valores de solidaridad, amistad... pero sobre todo con nuestras visitas. Y estas son justamente todas y cada una de las cosas de las que en la cárcel se les intenta privar.

Es muy difícil mantener una relación en estas condiciones. Las dos caras de una relación sentimental se van apagando desde el momento en que tu evolución personal no camina junto a la de tu compañero. Los sentimientos, que en la calle ocupaban un cuarto nivel, ahora se convierten en el eje de su vida. Pero al mismo tiempo todos los instrumentos necesarios para la comunicación se van apagando poco a poco y la relación personal acaba cambiando.

Nuestra comunicación oral se reduce –¿habrá grabadora?– a media o una hora cada quince días o un mes. La correspondencia siempre llega con retraso de meses porque es censurada y controlada, y tampoco quieres que algo tan importante como tu relación caiga en manos de cualquiera. Al mismo tiempo, te hacen sentir "una máquina que no siente". Sabes que para tu compañero lo más importante es sentirse limpio, sensible, cargado de amor... y eso es lo que nosotras intentamos que sientan. Pero no podemos tocarnos, sentirnos, –en las cárceles del Estado francés no existe el vis à vis íntimo– mantener un contacto sexual que te haga seguir vivo. Sí, podemos abrazarnos pero nunca sentir nuestros cuerpos unidos en uno. Al final, nuestra forma de comunicación se convierte en un telegrama que acaba produciendo un desequilibrio entre ambos.

Para superar esta situación siempre recurrimos a incentivar los valores humanos que siempre han sido la base de nuestros ideales de lucha. Los valores de los sentimiento de amor y felicidad que la cárcel intenta romper, son los mismos que día a día nos forzamos en mantener para seguir vivos.

Sábado, 03.00 horas

El organismo humano, a la larga, no puede resistir todos estos ataques y la capacidad de enfrentamiento y subsistencia de los presos y nosotros, sus familiares, ha quedado más que demostrada; esto no quiere decir que su estructura física y psíquica estén intactas, y más teniendo en cuenta que hay presos que llevan 15 años en las cárceles enemigas, o familiares que llevamos el mismo tiempo sufriendo las consecuencias. No podemos permitir que esta situación nos supere y menos que a nuestros familiares presos terminen desgajándolos en tantos trozos que sean irreparables.

El 93% de los presos políticos vascos se encuentra fuera de Euskal Herria, si bien la ley determina que las condenas se cumplan en el lugar de origen. Este castigo es un castigo añadido a la condena que se aplica, incluso a los presos en situación preventiva, sin tener en cuenta la presunción de inocencia que viene recogida en la Constitución española en el artículo 24.2.

A los familiares se nos aplica también ese castigo extra al obligarnos a desplazarnos cada fin de semana a miles de kilómetros sin olvidar el gasto tremendo que todo ello supone.

Según el Pacto Internacional de Derechos Civiles y Políticos, y según la Constiución Española, todos los presos tienen derecho a preparar su defensa y a comunicar con el abogado elegido por él mismo. La dispersión dificulta a ultranza ejercer este derecho ya que presos que se encuentran en un mismo sumario están alejados entre ellos a cientos de kilómetros, lo que implica una gran pérdida de tiempo para los abogados y un coste elevadísimo para los familiares. Asimismo, todos los presos tienen derecho a dos vis á vis semanales. El poder ejercitar este derecho en la actual situación de dispersión conlleva ya un coste de más de 3.000 milones de pesetas y estar toda la semana en la carretera debido a las distancias.

La consecuencia más grave de la dispersión es el aislamiento físico, social y afectivo que sufren los presos. A partir de 1987, la política de dispersión, apoyándose en el aislamiento individual para romper en mil pedazos la cohesión y dignidad del colectivo de presos, supone una de las medidas más duras contra ellos. En un grupo cohesionado se forma la unidad y se conforma la propia dignidad, romper este equilibrio es buscar un individuo débil, influenciable, física y psíquicamente destruido que, en lo sucesivo, sea inutilizado para toda resistencia. Encerrados 22 horas diarias se ven obligados a responder individualmente a todas las medidas represivas a las que el sistema les va sometiendo. *Las formas de aislamiento son múltiples y deliberadas.*

Aislamiento social: Se le separa de su entorno social y cultural, y esto se realiza tanto encarcelándoles en prisiones muy alejadas como a través de la aplicación de unas restrictivas condiciones de comunicación con el exterior. En muchas cárceles sólo son permitidas visitas de familiares directos, mientras, para los amigos, son necesarias autorizaciones especiales otorgadas o denegadas de manera arbitraria. Por motivos de lejanía se pueden acumular en una visita semanal 40 minutos, reducidos a 10 si el preso se encuentra sancionado. Estas visitas transcurren tras un grueso cristal sucio que dificulta no sólo la visión sino también la audición. Para los vis á vis con posible contacto físico, el tiempo varía entre 1 y 3 horas pero tanto presos como familiares deben someterse a un registro corporal y cacheos, llegando a anularse el vis á vis por negarse presos y/o familiares a desnudarse. Sólo pueden enviar dos cartas semanales y si están escritas en euskara, o no llegan o sufren importantes atrasos. La prensa y publicaciones de tipo político son restringidas o prohibidas. En algunas cárceles se puede realizar una llamada telefónica al mes. Hay que tener bien en cuenta que toda comunicación directa o indirecta, oral o escrita está intervenida y podrá ser utilizada en contra de los propios presos.

Aislamiento de grupo, es decir, la dispersión en sí del amplio colectivo que forman los presos políticos vascos así como la separación dentro de una misma cárcel. Desde 1978 los presos han estado en diversas cárceles pero siempre unificados en amplios grupos, muy cohesionados hasta 1987 que es cuando empieza la dispersisón. Pero antes se dio un paso previo que consistió en juntar a todos los hombres en una sola cárcel y a todas las mujeres en otra para realizar una radiografía exhaustiva y personalizada de cada uno de ellos y así, poder destruirles mejor en la etapa siguiente de la dispersión. No pudiendo romperles como grupo lo van a intentar de manera individual.

Aislamiento absoluto: Aquella situación en la que al preso no se le permite ningún contacto con ninguna otra persona presa, ya sea político o social. La separación de un grupo que había sabido durante años resistir todo tipo de envestidas a pesar de que algunos se vieran abocados al suicidio, es una de las medidas más duras a las que se les puede someter.

Aislamiento por clasificación: Una clasificación que se adopta en virtud de criterios subjetivos de relación con "banda armada" que supone pasar al primer grado, es decir, quedar encerrados en las celdas 22 horas diarias disfrutando unicamente y a menudo a solas, de dos horas de patio. Psicológicamente los presos siguen manteniendo ese vínculo de grupo pero físicamente esa realidad ha desaparecido. No pueden llevar una dinámica lineal, sufren continuos cambios de horario, de espacio, traslados continuos de celda o de cárcel, se les somete a un aislamiento eapacial y se va creando un clima de desconfianza frente a amigos encarcelados. Los efectos especiales del aislamiento son la angustia, fatiga, privación del sueño, temperaturas desagradables, hambre crónico y un largo etcétera que ocasionan dificultades para mantener el ánimo, una postura coherente y una conducta digna. El organismo humano no puede resistir estos ataques por lo que durante temporadas estas medidas se frenan para que se recuperen y poder volver a empezar. Otro dato a destacar es el progresivo aumento, a partir de 1992, de palizas, provocaciones y agresiones físicas para acelerar un irreversible deterioro de nuestros presos, hasta llegar al aislamiento absoluto.

Sábado, 04.00 horas

FAMILIAR: La situación más grave es el aislamiento, la soledad a la que le tienen sometido sin ninguna razón.

PRESO: *En mis doce años de cárcel jamás había conocido algo igual. Me encuentro en aislamiento absoluto desde que se produjeron las torturas contra veinte compañeros presos sociales, que tras la denuncia conllevó la implicación de Antoni Asunción.*

En este módulo de 22 celdas, no se mete a presos de primer grado, salvo a nosotros y ocasionalmente a presos sociales cuando llegan para el juicio. También, aunque de manera poco habitual, llega algún preso social a cumplir una sanción. Por lo tanto la mayoría del tiempo me tienen solo.

FAMILIAR: Esta situación le lleva a hacer ejercicios de articulación frente a un espejo, a hablar solo. Y alguna vez tiene opción de hablar con algún preso que han llevado a ese módulo para cumplir alguna sanción, entonces habla hasta quedarse ronco por falta de costumbre.

PRESO: *Este módulo, al no ser utilizado, excepto por mí, es el lugar idóneo para que los carceleros atemoricen, apaleen, humillen, esposen a las camas, obliguen a dormir sin sábanas ni colchón, a los presos sociales. Las palizas que les dan son bestiales y van acompañadas de insultos y de humillaciones de todo tipo.*

Una vez que son agredidos, los esposan a la cama, y yo al lado, escu-

chando sus sollozos y penas. Al día siguiente les sueltan. Es tal el nivel de impotencia, que me recuerda mi paso por las manos de la "txakurrada". Esta situación, que se repite una vez por semana, me desestabiliza. Esto es lo que peor llevo. Lo penoso es que los presos sociales no se atreven a denunciarlo y solo no puedo hacer nada. En los módulos ordinarios deben producirse muchos abusos.

FAMILIAR: Nosotros en las visitas la mayoría de las veces nos limitamos a escucharlo, sin decir una sola palabra. Se desproporciona en su forma de hablar. Empieza y no para. Además, utiliza un lenguaje más intelectual porque sólo lee y no escucha, y ha dejado de emplear y entender expresiones que la gente utiliza normalmente. En una ocasión, y con motivo de la celebración del día de la Merced, le llevaron al patio donde salen todos los demás presos y el hecho de encontrarse con tantas personas juntas le impresionó y le aturdió exageradamente.

PRESO: *En la celda tengo adheridas al suelo, mesa, silla y cama; lavabo e inodoro empotrados; un armario de hormigón con tres baldas y como espejo una chapa metálica. En la celda sólo me dejan tener dos piezas de cada cosa (libros, ropa...) me han prohibido la máquina de escribir y realizar fotocopias.*

La luz es deficiente y la ventana tiene tres niveles de barrotes: el original, uno adicional y una chapa metálica tipo gallinero. No veo más que un muro a seis metros... y todo el cielo. Me cambian constantemente los horarios para romperme cualquier atisbo de vida planificada.

El patio son cuatro paredes. Mide 35x6 y no dispone de nada. Siempre salgo solo al patio, salvo que traigan a alguien para juicio. Al día tengo dos horas de patio, siempre por la mañana, ya que así lo solicité para poder realizar deporte. Tengo prohibido el polideportivo, campo de fútbol, cine o escuela. De útiles para trabajos manuales, nada de nada. He intentado, en conversaciones con el maestro, que se me facilitara el acceso a la escuela para poder matricularme en la universidad, pero todo son trabas. El educador, la maestra y la asistenta social están conformes con dichas restricciones en base a: "Es que usted es...".

A diario me cachean la celda en busca de papeles más que de objetos de otro tipo., –en un principio me tiraban todo al suelo, ahora sólo de vez en cuando–. En uno de los cacheos se llevaron la lista que los abogados tienen sobre nosotros, donde aparecen las cárceles y los nombres. Creían haber encontrado la relación de nombres de los carceleros, y tras llevársela al subdirector de seguridad, éste les recriminó su estupidez y me la devolvieron.

De tres solicitudes que hice para poder ser visitado por médicos de la calle sólo me han autorizado una y la razón que alegan para dicha negativa es que Madrid dice que los otros son médicos que figuran en "no sé qué manifiesto de apoyo." Además, para la visita de dicho médico autorizado imponen estar uno de ellos presente y hablar en castellano. Los médicos de esta prisión salvo en las cuestiones rutinarias no te examinan. Desde abril tengo pendiente una salida al hospital y no me sacan. Son corresponsables en los tratos vejatorios y tortura física a que se somete a los compañeros presos sociales.

Los carceleros conmigo no adoptan una postura claramente hostil. Me incordian e intentan buscar la vuelta con provocaciones absurdas, pero de momento no he percibido intenciones claras de quererme agredir. Tras el operativo contra Aznar me tiraron todo y se me quedaron esperando mi reacción, pero cuando vieron que no abría la boca, se fueron.

Cada vez que salgo y vuelvo de la celda me cachean con la raqueta. Me hacen tres recuentos al día exigiéndome ponerme de pie. Al principio por la noche me hacían recuento cada hora encendiendo la luz, ahora de vez en cuando. Sólo puedo escribir dos cartas semanales y las tengo que entregar abiertas. Las comunicaciones orales son grabadas.

FAMILIAR: Otra de las gravedades que sufre este preso es la falta de comunicación que tiene con su hija de 12 años de edad. Desde que naciera y hasta que tuvo ocho años, a mi marido no le permitieron abrazarla y hoy es el día que, debido a las situaciones que ha tenido que vivir, no ha tenido ocasión de hablar a solas con ella. Siempre ha estado alejado de nuestro pueblo, la mayoría de las veces en prisiones donde no había otro preso político vasco. Esta distancia ha obligado siempre a que mi hija viajara a la visita acompañada de alguien, lo que no le ha permitido aprender a comunicarse con su padre, llegando incluso a temer un encuentro a solas.

En el momento en que se transcribían estos testimonios, llegó la noticia de que, después de sobrevivir 4 años en aislamiento absoluto, ha sido trasladado de módulo. Este traslado se producía tras la llegada de un auto del Juez estimando la denuncia del preso y en la que se subraya que "no es lícito tenerle tanto tiempo incomunicado en aislamiento".

Sábado, 05.00 horas

Los familiares ignoramos tanto el momento en que se traslada a nuestros allegados como su destino final. ¡Cuántas veces, al ir a visitarlos, se nos comunica que no se encuentran ya en esa prisión o se nos indica que ya ha sido trasladado aunque todavía no se haya iniciado la conducción!... ¡Cuántas situaciones de angustia imaginando lo que estará pasando!.... Y todo esto, después de haber recorrido cientos y hasta miles de kilómetros ...

Desde el inicio de la dispersión los traslados, tanto de una prisión a otra como en el interior de una misma cárcel, han sido una constante, constituyén un factor más de inestabilidad y temor. Las cifras de traslados anuales superan los 600, lo que arroja la escalofriante cifra de dos traslados por día.

Los realizan inmovilizados, esposados a la espalda, en furgones totalmente cerrados, en los que pueden llegar a soportar cambios de temperatura desde bajo cero grados durante las noches hasta 45º a pleno sol. La insuficiente ventilación provoca desmayos y mareos, y tanto los vómitos como las necesidades del preso son compañeros de viaje. Estas situaciones se producen tanto en las conducciones largas como en las que se realizan a cárceles cercanas, ya que estas últimas pueden durar hasta 18 horas, tiempo en el que no salen del furgón, y cuando no días y semanas. Por si esta situación fuera poco degradante, hay un hecho alarmante que está acompañando cada vez con mayor frecuencia a los presos durante los traslados: las palizas, agresiones físicas, acoso y amenazas que sufren a manos de quienes están encargados de su custodia en estas conducciones: la Guardia Civil o la Ertzaintza.

Sábado, 06.00 horas

El 17 de diciembre salimos para Tenerife la hija de mi hermano preso, yo y mi hija. Su hija hacía 6 meses que no visitaba a su padre, la distancia, estancia en islas, estudios, etc. no nos permiten el poder bajar con ella todos los meses. Mi hija hacía un año que tampoco visitaba a su tío, por los mismos motivos... pero había aprovechado durante el año para ahorrar de sus pagas y poderse pagar el viaje 55.600 pts. ¡Valía la pena el esfuerzo!

A su vez, si le añades que apenas habían transcurrido 20 días desde que había finalizado la huelga de hambre y el saber cómo se encontraría mi hermano, verlo, hablar, abrazarle... nos sentíamos capaces de salvar todos los obstáculos y trabas que se iban sucediendo.

El día 18 hicimos la primera visita. Los minutos se esfumaron en segundos, tantas cosas para hablar, contar, comentar que, con la ilusión de visitarlo al siguiente día, la despedida fue más dulce.

El día 19 las tres esperábamos en el locutorio. El tardó unos minutos más, apareció, su cara... algo reflejaba que nos hizo mirarnos a las 3 allí presentes al otro lado de cristal. "Me llevan" fueron sus palabras. No hacía falta palabras, se leía en sus ojos, nos quedamos en silencio... y luego, a borbotones, queríamos hablar las tres.

El día anterior la visita se esfumó en segundos y en ésta, las palabras parece que se habían quedado atascadas. No acertábamos una. Evidentemente estábamos nerviosas, queríamos disimularlo, animarle a él, pues desgraciadamente los traslados anteriores habidos (hospital, diligencias...) siempre han ido acompañados de palizas...

El silencio a la salida de la visita, el verlo cómo se lo llevaba, el traslado que le esperaría... todos estos pensamientos fueron nuestros acompañantes a lo largo de la semana que nos esperaba allí. Tratamos de ver si podíamos regresar antes, a pesar de tener todo pagado hasta el día 24. Pero no es fácil. Los aviones (Navidades) volvían llenos, no pudimos hacer nada, dejar pasar los días, esperar al día 24 para regresar a casa, y los días allí fueron eternos, inacabables...

Por fin en casa... Y aquí empieza de nuevo el calvario de ¿dónde estará? y empezamos a llamar. Los días 24, 25 y 26 de diciembre, llamada tras llamada a Puerto y no me podían decir nada. El día 28 de diciembre, desde Córdoba un familiar nos avisó que mi hermano había pasado por allí y que iba hacia Valdemoro. El día 28 llamé a Valdemoro, me dicen que llame al día siguiente ¡paciencia!.

El día 29 volví a hacerlo. Que no me podían informar de si estaba o no el interno en Valdemoro. Más mala leche, rabia, impotencia ¿qué hacer?

El día 30, vuelta a llamar por teléfono y que no me podían dar esa información. El día 31 mi hermano llamó por teléfono.

El traslado de Tenerife a Valdemoro se había efectuado por diligencias.

Lo trasladaron el día 19 de diciembre y el juicio estaba previsto para finales de enero pero no se llevó a cabo hasta mediados de abril del año siguiente.

En esos larguísimos días que precedieron al traslado de mi hermano y nuestra "estancia forzosa en la isla" hasta el día de la partida, nos quedó muy claro que no nos podemos permitir ni un día tan solo de pasividad pensando que nada o muy poco se podía hacer y no intentarlo... se debe hacer todo. Se puede hacer mucho. Les condenaron a perder la libertad pero ¿quién condenó a todo lo demás que está ocurriendo? El Estado tiene las leyes y quienes las esgrimen las aplican contra nosotros. Nosotros no tenemos más fuerza que lo que somos y los que somos pero con ese maravilloso poder de convicción que tiene la verdad, la justicia cuando las reivindicamos convencidos de conseguirla.

Por eso, el día a día hay que trabajarlo hasta conseguir hacer realidad nuestras aspiraciones de tenerlos en casa. En ello estamos y no cesaremos hasta conseguirlo. Interpusimos una denuncia en enero y hoy es el día en que no hemos recibido respuesta.

Sábado, 07.00 horas

Sales por fin de casa, llevas toda la semana pensando en el sábado. ¿Qué me pondré?, ¿qué le diré?, ¿cómo estará...? Tienes un largo viaje por delante pero darías cualquier cosa sólo por pensar que vas a verle. Todos los viajes cansan pero la ida se nos hace siempre más corta a todos.

Según vas llegando a la cárcel los nervios aumentan porque nunca sabes si vas a entrar o no, ya que todo depende del día que tenga el carcelero de turno. Cada persona vive todas estas sensaciones de forma diferente –como todo en esta vida supongo–, pero en mi caso, sólo de pensar que el sentir a la persona que quiero, el tocarla, el tenerla cerca de mí, el poder decir un "maite zaitut" al oido (sin que sea intervenido por las dichosas razones de seguridad)... dependa del día que tenga el carcelero, me quita hasta las ganas de desayunar antes de la visita.

Una visita pasa tan rápido... El viaje de ida nunca es suficiente para prepararla: decir lo que olvidaste en la visita anterior, el malentendido de la carta que contestaste antes de recibir su respuesta, el cómo enfocar ese problema del que necesitaríais hablar largo y tendido y no hay tiempo para aclarar... El tiempo es mucho más que oro, es oxígeno, es alimento hiperconcentrado en vitaminas A de amor y C de comunicación y todo el abecedario abreviado, pero intenso de verdad.

Una visita es como un flash, –el instante luminoso, que vas a prolongar mucho más allá del tiempo real– gracias a la fotografía de tu pensamiento. Por eso salen siempre tan guapos como quienes vamos a verles. Debe ser por eso que todos nos vestimos de domingo para la fotografía con la que cada uno nos vamos a quedar después de cada visita. Todos la revelamos en cuanto salimos del locutorio y a todos nos dura una eternidad mirarla y remirarla, hasta el siguiente flash.

Sábado, 08.00 horas

Ya llegamos a las diferentes cárceles, algunos ya están en su punto de destino y bajan, mientras, otros, continuamos hasta la siguiente parada. A la llegada nos tendremos que enfrentar de nuevo a situaciones imprevistas y tendremos que saber superarlas para evitar que imposibiliten nuestro objetivo.

* El martes 27 de febrero a las 5 de la tarde tiene concedida y concertada una visita vis à vis con su marido en Valdemoro. Sin embargo, una vez allí, le comunican que su marido ha sido trasladado a Orense.
* Después de llegar hasta la prisión de Alcázar de San Juan (1.200 Km. /50 horas de viaje), no le dejan entrar al vis à vis que ya tenía autorizado para el domingo 10 de marzo a las 11 de la mañana. La semana anterior ya había sido amenazado con que le concederían los vis à vis cuando ellos quisieran.
* Una familia se queda sin la visita del 9 de marzo después de haber viajado 36 horas hasta la prisión de Alicante (1.500 km.). La víspera habían llamado para confirmar si el preso se encontraba en esta prisión y era posible la visita del día siguiente, a lo que respondieron afirmativamente. Cuando llegaron, ya había sido trasladado a Palma de Mallorca.
* Jaén II, 28 de enero de 1996. Los carceleros organizan una "encerrona" a los familiares. A las 14.30 de la tarde los carceleros llegan hasta la prisión, tocando las bocinas, en una caravana de coches encabeza-

da por un autobús y acompañados por dos furgonetas de la Policía Nacional que se dirigen al interior del recinto. Desde los coches gritan a los familiares: ¡ "venid si tenéis cojones, hijos de puta"!

* Ceuta, 20–21 de enero de 1996. Los familiares que acuden a las visitas son obligados a ponerse contra la pared a la entrada de la cárcel. Uno de los familiares ya ha sido registrado "a fondo" en el barco que cubre el estrecho.
* Castellón, febrero de 1996. Uno de los familiares es interrogado por la policía cuando se dirige a la prisión a realizar la visita.
* Puerto II, primeros del 96. Los funcionarios registran carteras, agendas y obligan a descubrir los bolígrafos a los familiares que entran a las visitas.
* Sevilla II, 6 de mayo de 1996. Gracias a la insistencia de los familiares, amigos de los presos no pierden la visita que, aunque concedida, pretendían prohibir los carceleros de esta prisión entre comentarios como "andaros con ojo que esto anda caliente".

....

Sábado, 9.00 horas

Cuando llegamos al hospital mi nieta estaba en medio de todas las enfermeras, por lo visto les había impactado lo que habían visto y el hecho de que su madre presa, mi hija, les hubiese pedido que por favor la cuidaran hasta que llegásemos.

En ninguno de los cuatro días que mi nieta estuvo en el Hospital permitieron que su madre pudiese visitarla. Fuimos nosotros los que la llevamos hasta la cárcel. Al menos evitamos que volviesen a pasar un mal rato durante el traslado. En el hospital le dieron unos zumos y una manzana. La niña dijo que la manzana se la comería con su ama, pero otra vez chocamos con un muro de odio e insensibilidad, esta vez en forma de funcionaria. Concretamente al llegar a la prisión, la funcionaria no le dejó pasar la manzana Esta funcionaria se llama Socorro y es la misma que cuando mi nieta tenía 6 meses le tiró una papilla a la basura. Entonces la razón fue que, según ella, sólo le correspondía o una papilla o un zumo y como ya se había tomado el zumo, la papilla estaba de más. Por lo visto, estaba mejor en la basura.

Durante la visita con mi hija en la cárcel, ella nos relató cómo se produjo el traslado de mi hija y nieta al hospital.

"Nada más llegar a Carabanchel, los policías encargados del traslado me colocaron toda clase de letreros, a pesar de que el motivo del mismo era que mi hija tenía que salir al " Hospital de urgencias" porque tenía 40º de fiebre. Comenzaron por esposarme las dos muñecas teniendo a mi hija Haizea sentada en mis piernas y por lo tanto quedando ella también "atrapada" entre mis brazos. No hacía nada más que decirme: "¡ama! ¿por qué te atan?". Quizá esto fue lo más difícil de explicar, ya que le dije que era para que no se cayera. A pesar de todo, la situación que estaba percibiendo y lo mal que iba ella, hicieron que comenzara a ponerse nerviosa y echara a llorar.

La crueldad que siguió no se puede describir con palabras y creo que lo que le hicieron después no se le olvidará nunca. Tampoco a mí, ni a toda la gente que nos vio por el camino y comprobó el nivel de insensatez de unos policías en un lugar como el" Hospital del Niño Jesús", donde habitualmente reina el respeto y la sensibilidad. Era la primera vez que Haizea salía conmigo a la calle. Yo le decía que íbamos a un sitio donde había muchos niños malitos como ella, que le iban a quitar la fiebre y que después íbamos a dormir goxo–goxo juntitas. Mientras, la "escolta" nos daba una vuelta impresionante, asándonos de calor, y sin poder movernos, llegamos al hospital chorreando. Abrieron la puerta y me dijeron que bajara. Yo les dije que no hasta que no me quitasen las esposas. Me dijeron que mi niña era mayor (tenía 3 años) y que fuera andando. Yo les contesté que no iba a bajar hasta que me quitasen las esposas y que iba a llevar a mi hija en mis brazos porque estaba enferma con mucha fiebre y no podía andar. Ante la penosa situación que estaba presenciando, el conductor de la ambulancia –un pobre civil que al parecer jamás había visto algo semejante–, se ofreció a llevar a Haizea. Enseguida nos pasaron a las camillas de la sala de urgencias. Cuando una enfermera comenzó a desnudar a la niña, exigí de nuevo que me quitasen las esposas, ya que yo era su madre y eso lo tenía que hacer yo. Finalmente, tras una reunión ridícula, accedieron a quitármelas.

Yo veía cómo los demás críos eran cuidados por sus amas y sin embargo a mí, tarde o temprano, me llevarían lejos de ella. Cuando los policías vieron que Haizea estaba instalada en una cama me dijeron que en sus papeles ponía que era una etarra y que me llevaban de vuelta. Todas las personas que estaban en la habitación presenciaron alucinados la escena porque no era la primera presa que iba allí y habían comprobado que las madres, –a pesar de ser presas– se quedaban allá todo el tiempo necesario. Por lo que se ve los nuestros son "casos especiales" y recibimos un "trato privilegiado".

Sábado, 10.00 horas

Cuando se va acercando el viernes y la gente de alrededor te va preguntando: ¿Qué?, ¿Vas este fin de semana ? Y a cada respuesta afirmativa le sigue la pregunta de: ¿ vas a vis o a visita?, y cuando dices que a vis sabes que se preguntan, sin preguntar, cómo será allí dentro una relación sentimental. Alrededor de un vis hay muchos malentendidos, son en la mayoría de las ocasiones, el reflejo de un desconocimiento total o, peor aún, del interés de los de siempre por desprestigiar, porque quien ve morbo en un vis à vis, es que es morboso, sin más ...¿no es verdad, Sr. Atutxa?

"Más de la mitad de los presos están a favor de una salida civilizada"

El Consejero Atutxa asegura que se están produciendo diferencias en el seno de ETA, pero que no se expresan de un modo claro, ya que "existen grandes temores, la gente no se atreve y el ejemplo de "Yoyes", aunque yo considero que no es reproducible, está ahí y sigue en la mente de mucha gente".

Consideró que a ETA "no le queda más remedio que seguir adelante, porque de lo contrario sería reconocer el sin sentido de la violencia y ellos no lo pueden hacer; al final –auguró– quienes les van a obligar van a ser sus propios presos, más de la mitad de los cuales están a favor de una salida civilizada".

Las medidas de dispersión, a su juicio, han sido positivas porque "la gente que está por dar el paso adelante no se atreve en un ambiente adverso". En esta línea relató lo ocurrido con uno de estos presos, que tras reclamar la documentación para solicitar el tercer grado se negó a firmarla entre sollozos porque su propia esposa le había amenazado si seguía adelante. En sentido contrario refirió que *hay familias aparentemente normales que llevan a sus hijas de diecisiete años a las cárceles para que mantengan un vis a vis.*

Sábado, 11.00 horas

El vis es lo más importante que tenemos. El carcelero dice tu nombre y entras a una habitación toda oscura con las paredes de un gris triste y deprimente, una cama pequeña en la que da bastante más que dentera el poner un dedo encima. El suelo, las mesas, las sillas.... todo está sucio, pero es lo que hay y es preciso echarle imaginación al asunto si se quiere aprovechar la hora. A los pocos minutos de estar ahí empieza a funcionar el ventilador del techo que podría ser cualquier cosa menos ventilador porque allí, en esa habitación, no se mueven más que las cucarachas, pero como todo en las cárceles, tendrá su función y es (digo yo) que mete tal ruido que además de dejarte dolor de cabeza, hay veces que te pone los nervios de punta. Intentas oír algo a través de la puerta de hierro: pasos, llaves, bolsas,... algo que te indique que él está ahí, que no estás sola, pero con el ruido del ventilador no se oye nada. Pasan los minutos y no lo traen, y te haces la pregunta de todos los meses: ¿por qué no les traerán primero a ellos?

Al fin y al cabo nosotras no estamos presas y no tenemos por qué estar encerradas. Pero ya sabemos que los carceleros incumplen la ley siempre que pueden y éste es un caso más. Después de unos 20 minutos sola (cuando menos), se abre la puerta de hierro y aparece él con la bolsa. Le abrazas y sientes su olor, sientes que estás con él y te inunda un sentimiento de felicidad y seguridad.

Quieres que esa hora sea la más larga, deseas que se pare el tiempo y según pasan los minutos sólo piensas en la suerte que podríamos tener si el carcelero se olvidara de la hora y nos dejara un poco más.

En esa hora quisieras concentrar todo lo que una pareja que está en la calle hace: quisiéramos bailar, hablar, reír, ver fotos, comer un bocata... y todo, absolutamente todo, lo tienes prohibido. Toda la hora es un cúmulo de sensaciones raras que quisiéramos conservar hasta el siguiente vis, por lo menos, ya que es la única manera de seguir con él.

Cuando quedan 5 minutos para terminar el vis y si el carcelero lo tiene a bien, te tocan la puerta para que te vayas despidiendo. Entonces, te lo llevarías a la calle como fuera. La sensación de que lo dejas en manos de los carceleros es horrorosa, pero al final se lo llevan para adentro.

Sábado, 12.00 horas

El "Paquete" es otro de los temas recurrentes en la vida de los familiares. Puede ser una de nuestras mayores alegrías cuando sabemos que ha llegado, y en buen estado, a manos de los nuestros; pero también puede ser uno de nuestros mayores quebraderos de cabeza cuando, por cualquier razón de seguridad o porque no le da la gana al carcelero de turno, no conseguimos meterlo dentro; o cuando llegamos a enterarnos que apareció ensuciado, reventado, destrozado, o simplemente desaparece.

Tenemos el derecho teórico de entregar una vez al mes un paquete a los nuestros, generalmente libros y ropa, y una vez al año, cuatro kilos de comida. Este "paquete" lo preparamos en casa con todo el amor del mundo, la ropa sobre todo, bien lavada, planchada y ordenada, metamorfoseando nuestro cariño en suavizantes, colonias y hierbas, ingeniandonosla para recrear esos olores tan peculiares de casa para que, en medio de la putrefacción nauseabunda en la que los tienen encerrados, sus celdas se impregnen, aunque sea por unas horas, del olor de casa. Y si por fin toca el paquete anual de comida compramos lo mejor de lo mejor, lo que nunca comprariamos para nosotros mismos. Pero ¡qué difícil es escoger entre la abundancia excesiva de escaparates y mostradores de mercados, supermercados e hipermercados, esos pobres cuatro kilitos! ¿De dónde quitamos ese kilo de más? Del jamón serrano o del jamón York, de los frutos secos o del queso? Luego, sabemos que tendremos que pelear como unas fieras con el carcelero de turno pero somos capaces de estar cuatro horas discutiendo por esos 200 gramos de membrillo que dicen que sobran. Somos conscientes de que nos lo quieren limitar todo, sueños y sentimientos, espacios y tiempos, paquetes y cartas para –inútil esfuerzo– reducirnos a la nada, pero seguiremos luchando por nuestros derechos.

Sábado, 13.00 horas

Cuatro meses estuvimos castigadas, mi hija y yo, sin poder ver a mi hijo preso en Valladolid por haber hablado en euskara durante una visita. En la anterior comunicación no habíamos tenido ningún problema, pero el siguiente fin de semana ya empezamos a tener las primeras trabas a la entrada de la prisión.

Primero nos mandaron esperar un rato mientras el resto de familiares entraba, hasta que por fin nos dejaron pasar, pero para nuestra sorpresa, "tienen que hablar en español, está prohibido hablar en vascuence", nos dijeron... Nuestro asombro aumentó después, cuando nos encontramos en la cabina con tres carceleros, dos al lado de mi hijo y el tercero junto a nosotras. En esta situación ¿quién podía decir algo? ¡Ni en arameo! Empezamos en castellano pero nos fuimos enseguida al euskara. El grito que nos pegó el funcionario nos empezó a sacar de nuestras casillas.

Carcelero: ¡No pueden hablar en vasco!

Madre: ¿Pero, por qué? Siempre he hablado en euskara con mi hijo y ahora ¿cómo voy a dejar de hacerlo?

Carcelero: Es una orden, por razones de seguridad.

Total, que nos echaron fuera de la cabina y nos quedamos sin visita. Pero tampoco nos quedamos calladas, –estas situaciones te dan más coraje que otra cosa– y exigimos la presencia de algún carcelero responsable que nos explicara lo que estaba ocurriendo. Pero allí no había nadie.

Cuando llamamos pidiendo la cita para el siguiente fin de semana, nos comunicaron que ni mi hija ni yo podríamos visitar a mi hijo hasta nueva orden. La dichosa orden llegó cuatro meses después, pero nosotras seguimos llamando cada fin de semana.

Sábado, 14.00 horas

A su llegada les solicitaron el libro de familia, algo que nunca había ocurrido, señalando que no era suficiente con su documentación y tenían que asegurarse de su condición de hermanas.

Antes de entrar a la visita les obligaron a un cacheo. Entraron en una habitación donde se encontraba una carcelera muy borde que les mandó que se quitaran la camisa y se quedaran en ropa interior.

A una de las hermanas le sacaron todo de los bolsillos y le registraron los zapatos y hasta los pies y las plantas. A la otra hermana le obligaron a levantarse la falda hasta arriba tanto por detrás como por delante, en todo momento, en un tono humillante. Les señalaron asimismo que en adelante no aceptarían chaquetas con forro ni paquetes de tabaco abiertos y les hicieron sacar todos los cigarros que llevaban y esparcirlos encima de una cama.

En 14 años que llevan de una cárcel a otra jamás habían conocido ni sentido una humillación tan grande.

Sábado, 15.00 horas

Los familiares somos objeto de constantes acosos cada vez que viajamos hasta las cárceles a ejercer nuestro derecho a la visita.

* Jaén II, 28 de enero de 1996. Durante las visitas que se realizaron ese domingo fueron constantes las amenazas y venganzas de los funcionarios.

  A un familiar lo retuvieron encerrado con su hija de 7 meses durante más de media hora en la sala habilitada para los "vis a vis", una vez finalizada la visita.

* Jaén II, febrero de 1996. En el vis á vis de febrero, los familiares son retenidos en una habitación cerrada durante 20 minutos, una vez terminado el tiempo de la visita.

* Castellón, febrero de 1996. Los retrasos a la hora de las visitas también se producen en esta prisión. Los funcionarios están aplicando la norma de retener a los familiares dentro del recinto penitenciario sin abrirles la puerta, conscientes de que a la salida del centro les espera un taxi que debe trasladarlos hasta Valencia donde poder tomar el autobús de vuelta a Euskadi.

* Herrera, primeros de 1996. Los familiares de un preso político vasco, a quienes se prohibió la entrada a la visita, fueron identificados por policías que portaban arma en mano, cuando se encontraban en la estación de autobuses.

* Valladolid, marzo de 1996. La visita comenzó a las 5 de la tarde, en una habitación totalmente aislada. No supimos por qué duró una

hora más de lo habitual. Al salir de la visita, uno de los carceleros comenzó a amenazarle con que no le dejaría meter más paquetes, mientras le echaba a los pies una revista que ese día había entregado. A la salida de la prisión, le prohibieron utilizar el teléfono público para llamar a un taxi, aduciendo que sólo podía utilizarse en horas de visita y por supuesto, también se negaron a realizar la llamada ellos mismos. Una vez en la calle coincidió con el relevo de la Guardia Civil. Los agentes no dejaban de reírse mientras le convidaban a montarse en el furgón para llevarlo hasta el pueblo. El familiar, que ya había quedado con otro amigo para que, en caso de tardanza llamara él mismo a un taxi, esperó aterrorizado a la entrada de la cárcel hasta que finalmente, el taxi llegó. El pueblo más cercano a la cárcel se encuentra a 6 km. de distancia.

...

Sábado, 16.00 horas

Lo más asombroso es cómo nuestros familiares presos consiguen estudiar y continuar con su formación.

El alejamiento y la dispersión ha provocado dificultades añadidas a las ya nefastas condiciones en las que los presos vascos ejercían su derecho al estudio. El alumnado de la misma facultad, asignatura y curso se encuentra en diferentes cárceles lo que provoca el retraso en la recepción del material de estudio; además, el mismo alumno preso puede sufrir numerosos traslados de cárcel a lo largo del curso, lo que supone en muchos casos que el material de estudio, libros, trabajos o exámenes... se pierda en el camino; en el caso de los presos que cursan estudios en euskara, la censura y exigencia de traducción del material son disculpas utilizadas para retrasar su recepción o envío; la lejanía hace además que el seguimiento académico sea insuficiente. Los permisos para realizar tutorías, los largos viajes, los controles, las medidas de seguridad de las cárceles... están pensadas para bloquear este seguimiento y así es como muchas personas presas no han tenido ninguna tutoría en los últimos años.

Dentro de la prisión las condiciones de estudio son nulas. La mayoría se encuentran aislados de sus compañeros y estudian en celdas que no reúnen condiciones. En algunos casos sólo les permiten tener dos libros en la celda y los apuntes están igualmente limitados. En su mayoría, los presos vascos tienen prohibido el acceso a la biblioteca o aulas de estudio –en el caso de que las haya–, y si consiguen permiso para acudir a las mismas acaban recurriendo a encerrarse en la celda debido a los problemas de espacio y falta de silencio que hay en estos lugares.

A las nefastas condiciones carcelarias que acabamos de enumerar se añaden deficiencias generadas por parte del propio centro de estudios. En lo que respecta a la Universidad del País Vasco, los programas de muchas asignaturas continúan sin adaptarse a las condiciones de los estudiantes presos. El retraso en el envío del programa y material de estudio –que en casos se prolonga hasta junio– supone la pérdida del curso académico. Se contemplan dos tutorías en cárceles y dos visitas para realizar exámenes pero generalmente no se realizan ya que, en estas condiciones, no son muchos los profesores que se prestan a superar tales trabas. Además, la actitud ideológica de un sector del profesorado obstaculiza sistemáticamente la preparación y envío de programas y exámenes.

Sin embargo, a pesar de todas estas dificultades y aunque a ritmos desiguales por las diferentes condiciones carcelarias, las presas y presos consiguen estudiar.

ESTUDIOS/AÑO	**89/90**	**90/91**	**91/92**	**92/93**	**93/94**	**94/95**	**95/96**
ECONÓMICAS	6	5	4	---	---	---	---
DERECHO	15	13	18	15	20	21	14
FILOLOGÍA	12	10	9	15	14	13	13
HISTORIA	22	14	15	16	18	18	22
FILOSOFÍA	11	10	15	13	9	7	9
PEDAGOGÍA	27	19	19	18	13	15	21
PSICOLOGÍA	28	21	18	19	25	28	23
C. POLÍTICAS	10	9	11	9	12	8	9
C. SOCIALES	9	11	10	17	19	29	26
PERIODISMO	49	31	31	24	27	35	28
MAGISTERIO	42	37	30	18	19	21	20
INFORMÁTICA	---	1	2	1	3	3	2
GRADUADO SOCIAL	---	---	1	1	6	6	7
BIOLOGÍA	---	---	---	1	1	1	1
BELLAS ARTES	---	---	---	2	2	2	3
INGENIER. TÉCNICO	---	---	---	1	---	---	---
TOTAL	**231**	**181**	**183**	**170**	**188**	**207**	**198**

En la actualidad son 198 los presos políticos vascos que cursan carreras universitarias. Estos datos no han variado respecto a años anteriores aunque no se ha logrado superar la cifra del año académico 89/90 cuando se multiplicaron los traslados a diferentes prisiones y se produjo un endurecimiento de las medidas, tanto para los alumnos presos como para quienes desarrollaban la labor de atención. El número de matrículas descendió de 231 a 181 un año después. Muchas personas presas se vieron obilgadas a repetir y otras muchas a abandonar los estudios provisionalmente. Sin embargo, las cifras de cursos posteriores se han conseguido mantener.

Además del sobresfuerzo de nuestros familiares presos para continuar con su formación, es de agradecer el trabajo realizado por las Comisiones de Apoyo creadas en la UPV y por las personas encargadas en la UNED que, al tiempo que reivindican que los estudios se realicen en unas condiciones dignas superando muchas de las trabas burocráticas impuestas, hacen posible el que los presos y presas vascas puedan seguir estudiando.

Sábado, 17.00 horas

¿Es que piden tanto?

Me es difícil, muy difícil, tener sobriedad, naturalidad y la predisposición necesaria para relatar lo que está ocurriendo en las cárceles, sin que por ello mi pulso vaya a temblar o mis recuerdos se ensombrezcan con lo negativo, impidiéndome ver la luz..

Qué mentes tan ruines, qué personas tan siniestras, qué torturadores tan fríos e inhumanos son los que abocan a los presos políticos a salvajes huelgas de hambre que les puedan llevar hasta la muerte por no ceder en tan poco; por su intransigencia al cumplimiento de la ley; por no admitir la dispersión, el aislamiento, la incomunicación como formas de endurecer al máximo las condenas.

No están haciendo huelga de hambre o se chapean por la condena a cumplir, ¡no!, sino por las condiciones de vida a las que les someten. ¡Están tantos días en huelga de hambre y chapeo por exigir unas condiciones de vida dignas, por acabar con el aislamiento, porque se cumpla el reagrupamiento!

En tal situación, el preso se ve abocado, en defensa de su dignidad, respeto y aplicación de la ley, a buscar formas de lucha que por la propia limitación de su condición de preso le colocan en el umbral de hacer de su propia integridad un arma de lucha: la huelga de hambre. Fundamentándose en un "autocastigo" a su salud y su integridad es la única arma a su alcance –su propio cuerpo–. Y es desde esta impresionante constatación como se puede atisbar la sangrante situación que se vive en las cárceles.

A través de estas líneas transmitiros todo nuestro cariño, afecto y solidaridad, al no saber cómo os encontraréis ya, después de tantos días de huelga de hambre, cuando la debilidad ya no os permita ni tan siquiera leer este escrito: la desgana, el malestar, la debilidad, el manteneros de pie es todo lo que lleváis encima en esa sórdida celda, tumbados y teniendo como únicos compañeros el agua, el cigarrillo, la soledad, el aislamiento...

Nos tenéis con vosotros. Esto es demasiado duro para olvidaros. Las fuerzas no nos flaquean, no permaneceremos impasibles ante tanta deshu-

manización y lejos de hundirnos, aunaremos nuestras fuerzas para acabar, de una vez por todas, con tanta injusticia, tanta vulneración, tanta deshumanización. Porque lo que se defiende con fuerza, con justicia, con solidaridad, a corto plazo da sus frutos.

Nos está costando sufrimiento a vosotros, a nosotros vuestros familiares, amigos y amigas, pero cuando se aprende a sufrir, a llorar por algo... también se aprende a defenderlo. Nos tenéis con vosotros y no cesaremos en nuestra lucha por la consecución de esos derechos tan dignos que como personas os pertenecen: Los Derechos Humanos .

Sábado, 18.00 horas

¿Cómo se llenan 24 horas en una celda? Ese es el problema fundamental del chapeo, cómo se resiste sin poder estar con nadie, esperando una visita para poder sentir que no se te ha olvidado hablar, que puedes comunicarte con una persona frente a frente.

El chapeo se define como una respuesta de protesta que implica estar todo el día en la celda, es decir, suprimir tanto las salidas al patio como al comedor u otras actividades del centro penitenciario. Dicho así, a muchas personas les puede parecer una memedad, pero si hacemos una reflexión sobre las circunstancias en las que se da una respuesta de esta índole, seguramente llegaríamos a otras conclusiones.

Toda persona, esté viviendo en un sistema abierto como el que vivimos en la calle o un sistema cerrado como en el caso de los presos, ante todo, somos seres sociales. Es decir, necesitamos comunicarnos con los demás, relacionarnos con y hacia los demás, sin excluir nuestra propia identidad e individualidad.

Toda persona presa está encerrada en un sistema en el que la forma de vida está organizada con el objetivo de "reinsertarla", donde la presión es continua, donde no se encuentra un espacio para el desarrollo personal e individual, donde uno no puede decidir ni siquiera cuándo tomar un café, donde todo se mueve en base a un régimen establecido para un colectivo de personas, en donde el objetivo principal es ir aniquilándolas lentamente mediante un proceso de desgaste continuado.

¿Cómo se defienden estas personas en semejante situación? Pues agarrándose a pequeñas cosas a las cuales dentro de este sistema aún se pueden acceder. Esto se comprende mejor cuando vemos por ejemplo cómo un preso intenta tener un espacio –la celda– limpio y agradable para él, como sus pequeñas cosas, cartas, fotos, música..., donde es importante la hora en que la puerta de su celda es abierta cada mañana por un señor vestido de azul que le permita bajar a tomar ese café, verse con otras personas y ocupar en cierto modo minutos que ahí dentro son como horas, salir al patio aunque sólo sean dos horas donde por lo menos uno puede pasear algo más de cuatro pasos seguidos y respirar un poco de aire limpio...

Se podrían relatar multitud de pequeñas y grandes cosas que son importantes para el equilibrio de un preso pero en este momento, el proceso que están llevando los presos es el de renunciar a esos pequeños espacios y situaciones vitales en defensa de un derecho fundamental que es el de que les traten como seres humanos y los reagrupen en las cárceles de Euskal Herria.

En el chapeo se pasan los días en la celda, donde das cuatro pasos y chocas con la puerta, te das la vuelta, das otros cuatro pasos y tienes una ventana desde donde lo único que ves es otro muro. Este régimen de vida se puede calificar como muy duro y dependiendo de la resistencia psicológica de cada persona, se producirá mayor o menor daño en los mecanismos de defensa que tenemos.

Realizando una respuesta de estas características, los presos están dando mucho de sí mismos. Saben que esa situación les puede producir problemas de concentración, acumulación de agresividad, somatizaciones, estado de ánimo bajo, problemas de sueño... Y aún así su apuesta es importante ya que tampoco tienen otras posibilidades de respuesta que no sean las perjudiciales para su salud.

Por ello, es importante que tomemos conciencia de que cualquier tipo de respuesta que realice el colectivo de presos políticos vasco, supone un gran proceso de desgaste. Así, nos sirva de ejemplo para solidarizarnos con ellos y unirnos a esa defensa de sus reivindicaciones que al fin y al cabo es un grito de supervivencia.

PROTESTAS EN LAS CÁRCELES

HUELGAS DE HAMBRE

AÑO	Huelgas de hambre
1978	2
1979	5
1980	3
1981	6
1982	1
1983	0
1984	2
1985	4
1986	3
1987	7
1988	3
1989	2
1990	8
1991	17
1992	12
1993	6
1994	3
1995	13
1996	5
TOTAL	**102**

OTRO TIPO DE PROTESTAS

HUELGA DE SED 9
CHAPEOS 42
CORTE DE VENAS 2
PLANTES 11
HUELGA DE LIMPIEZA 1

TOTAL 65

1984: La huelga de comunicación más larga duró 10 meses, en HERRERA DE LA MANCHA

REIVINDICACIONES

ENTRE 1978-1986

* Pro amnistía
* Contra la Ley Antiterrorista
* En contra de los ataques a los refugiados
* Contra las extradiciones
* Condiciones de vida

Total huelgas de hambre 26
Otro tipo de protestas 13

ENTRE 1987-1996

* Contra la dispersión
* Reagrupamiento en Euskal Herrira
* Condiciones de vida
* Exigir el cumplimiento de autos judiciales
* Contra las extradiciones

Total huelgas de hambre ... 76
Otro tipo de protestas 51

Sábado, 19.00 horas

Algunos familiares ya han terminado las visitas y esperan impacientes la salida del resto para ponerse en camino hacia Euskal Herria, mientras, alguna cadena de radio se congratula de la entrega de un refugiado vasco.

Ese mismo sábado, la Policía gala volvía a poner en manos de la española a otro refugiado vasco, tras haber cumplido condena en las cárceles francesas. Suman ya 23 las extradiciones y 234 las entregas efectuadas por el Gobierno francés desde que pusiera en marcha su acuerdo de extrema colaboración con el Gobierno español.

Tras 17 días en huelga de hambre para protestar por su entrega a la Policía española y las torturas y malos tratos que presumía se iban a producir, la Policía francesa puso en manos de la Guardia Civil al refugiado vasco. Le fue decretado régimen de incomunicación. Fue introducido en una furgoneta, esposado con las manos atrás y entre dos guardias civiles para ser conducido a Madrid. Le levantaron la prenda de vestir superior, le pusieron un líquido en hombros, cuello y riñones, le colocaron unos trapos y comenzaron a aplicarle electrodos a lo largo de todo el trayecto. En las doce horas de viaje, además, realizaron varias paradas en las que fue golpeado. Una vez en las dependencias de Madrid, fue introducido en una celda hasta la mañana del día siguiente, domingo, cuando compareció ante el médico forense a quien relató las torturas sufridas.

A continuación comenzaron varias sesiones de interrogatorios policiales en los que fue golpeado en la cabeza con la mano y en los pies y dedos con un palo de escoba. Lo sentaron en una silla, le colocaron una capucha en la cabeza que le impidiera la visión, le ataron los pies y los brazos con esparadrapo a la silla y tras aplicarle un líquido y colocarle varios trapos en diversas partes del cuerpo comenzaron a aplicarle electrodos. En esta ocasión sufrió varios espasmos, se agitó, pero no perdió el conocimiento. Le sometieron también a la tortura de la "bolsa". Le colocaron sobre la capucha una bolsa y la cerraban a la altura del cuello provocándole asfixia. También le golpearon en diversas partes del cuerpo, durante unas doce horas.

El lunes, tras una primera declaración policial asistido por un abogado de oficio, continuaron con la "bolsa" y los golpes en todo el cuerpo, siempre con una capucha que le impedía la visión. Antes de cerrar la bolsa, le golpeaban en el estómago, para que expulsara el aire y así provocar más rápidamente síntomas de asfixia.

El martes a las 9 de la mañana se iniciaron los trámites para su traslado al Juzgado. Ya en la Audiencia Nacional se le informó de su incomunicación y de que sería asistido por un abogado de oficio. En la toma de declaración el refugiado comenzó por relatar las torturas y los malos tratos sufridos, lo que fue impedido por el juez que a gritos le indicó que eso ya lo había comentado ante el médico forense. Negó todos los cargos que se le imputaban.

Hasta un mes más tarde no se le levantó la incomunicación, tiempo durante el cual, a sus abogados y familiares se les negó cualquier tipo de información sobre su estado, incluso sobre su paradero, a pesar de las gestiones realizadas desde que tuvieran conocimiento de su extradición. No tuvieron el primer contacto hasta pasada una semana, momento en que el refugiado pudo poner en conocimiento de sus abogados las torturas, malos tratos e irregularidades que se fueron cometiendo desde su entrega.

En fechas próximas correrían y siguen corriendo la misma "suerte" otros militantes vascos que, tras cumplir la condena impuesta en el Estado francés, y sin demandas de extradición por parte de la Justicia española, son entregados a la Policía o la Guardia Civil españolas, como fue acordado en la reunión entre el ex–presidente del Gobierno español Felipe González y presidente Jacques Chirac, coincidiendo con la cumbre comunitaria celebrada en Turín.

Sábado, 20.00 horas

Ha llegado la hora de la vuelta a casa. Con la cabeza alta, pensativos y en un silencio sepulcral, vamos subiendo al autobús y tomamos asiento. El chófer arranca. Al venir todo eran risas y alegría, chistes fáciles. Ahora, sólo piensan en la vida que llevan. Siempre están los carceleros por medio. Nunca tienen opción a hacer una vida normal, nunca tienen intimidad.

En medio de ese silencio sólo se oyen los ruidos de bolsas, papeles y el murmullo de algún familiar con su hijo.

Te vas, vuelven a Euskal Herria. Los 800 km. de vuelta parecen convertirse en 8.000. Algunos fuman mirando al vacío, otros hacen como que dormitan, todos intentan revivir esa hora y fortalecer cada detalle en su mente para que cuando lleguen a la realidad del sobrevivir día a día lo tengas a su lado y les sirva para aguantar hasta la siguiente hora del próximo mes.

En fin, como se suele decir, poco dura la alegría en la casa del pobre. En estas primeras horas de vuelta, como siempre, el viaje se hace eterno.

Hotz amaigabe bat baino latzago
Ta urteak egun baino gehio
564 ohe huts, samina zabaltzen.
Batzuen ustez ordaintzen
dagokien zigorra.
Maite dutenentzat berriz
askatasun haizea.
Baina hori nork ulertarazi
etxean zai bakarrik denari.
564 taupada
gehiago gure bihotzean.

(Más duras que el frío eterno/ y más que días tiene el año/ hay 564 camas vacías/ esparciendo amargura/ según algunos, pagan el castigo que se merecen/ para los que les aman en, cambio,/ son viento de libertad./ Pero cómo hacer comprender esto/ a quien espera solo en casa/ son 564 latidos más en nuestro corazón.)

(Josu Zabala)

Ha transcurrido más de una hora de silencio pesado y doloroso, y de repente, alguien se levanta y cuenta un chiste. El silencio se rompe en carcajadas. O alguien dice: ¿a que no acertáis en qué personaje estoy pensando? Algunos se mosquean, no están con ánimos de seguir la broma y vuelven a sus pensamientos. El resto continúa la broma y van preguntando: ¿hembra o varón, soltero o casado, vasco o español?, hasta que alguien adivina de quién se trata. ¿Qué, os parece simple? Pues no, es una manera de pasar horas de vacío de una forma intranscendente, sin profundizar en nuestro interior. Cuando son chistes, en su mayoría verdes y conocidos, nos reímos como si fuera la primera vez que los oímos. En todos los viajes se cuentan los mismos aunque siempre se espera que alguien cuente algo nuevo que ha aprendido a lo largo de la semana.

Y el autobús vuelve a ser el mismo.

Sábado, 21.00 horas

A medida que nos vamos alejando de las cárceles no podemos evitar cierta aprehensión pues sabemos que la Asociación de Mujeres de Policías y Guardia Civil, apoyadas por diversos sindicatos policiales, ha convocado una concentración que coincida con nuestra visita. Sabemos que nos pueden chillar e insultar pero pensamos seguir nuestro camino. De repente, nos vemos obligados a parar ante unas 300 personas que portan unas pancartas en las que podemos leer: "No a las cárceles de 5 estrellas, muerte a ETA". Alguien se acerca al autobús y escribe con spray: "ETA asesinos, cabrones, SNP". Muchas de esas personas recogen del campo piedras y empiezan a tirarlas en nuestra dirección entre gritos de "cobardes, asesinos, hijos de puta, salid ahora". Un pánico indescriptible se apodera de nuestro autobús. Entre nosotros viajan muchas mujeres de avanzada edad y varios niños. Nosotros nos tiramos como podemos debajo de los asientos, nos intentamos tapar los unos a los otros con mantas, cojines, abrigos, mochilas..., cualquier cosa. Gritos, estallidos, cristales rotos. No podemos respirar, nos ahogamos unos sobre otros. Un bote de humo cae, no donde los agresores sino justo en nuestro autobús asediado. Es cuando nos damos cuenta de la presencia de la Fuerza de Seguridad del Estado uniformada que asiste "impasible" a la agresión. El tiempo se ha detendio bajo esa lluvia de piedras ¡nos van a matar a todos! Miedo, angustia, terror... Más piedras, más cristales hasta que no queda ninguno por romper. Tras largas horas de espera incomunicada, conseguimos salir del cerco.

Poco a poco, nos vamos serenando y, en medio de un mar de cristales, empezamos a curar a los heridos, que son muchos. Los críos aterrorizados ni siquiera lloran. Comprobamos asombrados la gravedad de los daños causados y cómo una vez más somos testigos y objetivo de esa otra cara oculta de la dispersión, cómo nos intentan machacar a los familiares para lograr que los nuestros encarcelados se rindan. Pero encajamos, una vez más, los golpes recibidos y seguimos nuestro camino.

Sábado 22.00 horas

Ni con la dispersión estamos solos. Con todas las penurias pasadas, presentes y futuras en la dispersión, hemos conocido los golpes, el odio, pero también la solidaridad, a vosotros, gentes que practicáis activamente o que como muchos de nuestros amigos que han quedado en el camino, nos habéis dado calor en la lejanía, calor que quema de rabia a los que actúan manejando los hilos de sus marionetas.

No vamos a olvidar vuestra lucha desinteresada, ayuda y solidaridad por la que muchos habéis sufrido represión y venganza en vuestras propias carnes por estar ahí donde os necesitamos. Os controlan, siempre pisándoos los talones, os entran en casa, os acusan de ser amigos de terroristas y os amenazan. Algunos como en Uruguay, incluso perdieron la vida.

Todos los que estamos aquí, igual que los que estáis allí, conocemos la realidad que se oculta y tergiversa, y por eso, en tantas ocasiones, nos habéis repetido y nosotros os hemos agradecido, emocionados, que hacéis también vuestra la lucha que con dignidad están llevando los presos políticos vascos en las cárceles de los estados francés y español, y los deportados y exiliados desde otros países y continentes donde continúan desterrados.

Con orgullo, solidaridad y dignidad podemos decir que nuestra familia ha crecido.

Sábado, 23.00 horas

¿Cómo es posible escribir el testimonio de unas vivencias de horror? ¿Cómo es posible llenar palabras de sentimiento? Me gustaría que todo lo que se cuenta de la experiencia vivida pueda llegar a la gente; pueda el pueblo sentir y vibrar ante tanto sufrimiento, tanta tortura física y psíquica.

El caso de mi amiga es como el de otros tantos y tantos casos de presas que han sufrido en sus carnes la tortura del Estado español.

LLeva cuatro años presa por una sentencia de seis, por lo que ya debería de estar en la calle. A primeros de mayo fue trasladada de Carabanchel a Albacete. Allí se encontró con un chapeo que llevaba la única presa política vasca y a la que se sumaron los chicos. Días después de su ingreso, su compañera fue trasladada, y ella aunque se encontró sola, siguió la protesta.

A causa de las malas condiciones le surgieron los primeros brotes de colitis ulcerosa. En una carta nos indicaba su grave estado y nos pedía que avisáramos a los médicos para que pasasen a visitarla.

Ante la gravedad de su estado, el médico la mandó trasladar al hospital de Albacete. Nada más ser ingresada le pusieron suero e hicieron transfusiones de sangre ya que tenía una enorme anemia.

La primera visita la realizó un familiar pasados los 15 días.

Al siguiente fin de semana pudimos ir dos. Al llegar nos encontramos con un hospital totalmente tomado por la policía, de uniforme y de paisano. Tras un cacheo exhaustivo nos permitieron entrar en la habitación. Una ventana enorme por la que tres policías metían sus narices y observaban a Pili, y una puerta chiquita. En medio de la habitación la cama, rodeada de puestos de suero y en esa cama, una personita menuda por los 35 kgrs. que formaban su cuerpo. Ahí estaba ella, con la cara hinchada por los corticoides, inyectada por diferentes puntos de suero. Notaba y sentía que se le iba la vida.

Nada más vernos el llanto fue inquietante, la alegría y el sufrimiento inundaron nuestros corazones. Primero abrazos y besos por tenerla con nosotros, poder estar tan cerca era total, lo mejor. Después, fuimos viendo poco a poco su estado físico, lamentable: cara hinchada, brazos llenos de hematomas, cuerpo anémico y para colmo, flebitis en el brazo izquierdo producido por estar esposada a la cama. Otras torturas eran el no apagarle la luz por la noche para impedirle dormir, continua vigilancia de la policía, trato despectivo por parte de las enfermeras y no darle la correspondencia de su compañero, preso en la cárcel de Ciudad Real, así como romper las cartas que ella le mandaba.

Después de 15 días y tras lograr permiso para otras dos visitas y para más gente, un jueves 17 de agosto avisaron a la familia de que había sido operada urgentemente. La familia se enojó por no haber sido avisada antes de la operación, que consistía en extirparle parte del intestino e implantarle una bolsa por la que realizara sus necesidades. La operación marchó bien y a partir de entonces todo fue a mejor, había visitas autorizadas e iba mejorando.

Además del mal trato ya recibido por parte de algunas enfermeras, lo peor fue el hecho de que estuviera durante un mes esposada a la cama del hospital, aún después de operada.

A mediados de octubre Pilar Ferreiro fue dada de alta y trasladada de nuevo a la prisión de Albacete. Aunque ya se ha recuperado de su enfer-

medad, necesita un control periódico del muñón rectal para detectar nuevos brotes de colitis ulcerosa o complicaciones tales como fisuras, perforaciones o transformación cancerosa.

Domingo, 00.00 horas

JUZGADO DE VIGILANCIA PENITENCIARIA DE BILBAO

Exp.- 61O5/95 M

CONTRA: MARIA ASCENSlON SIERRA SAN MARTIN

AUTO

En BILBAO, a 8 de Enero de 1996.

HECHOS

PRIMERO. Con fecha 18 07 95 se recibe en este Juzgado escrito de la interna del Centro Penitenciario de Martutene MARIA ASCENSION SIERRA SAN MARTIN solicitando le sea concedido el beneficio de Libertad Condicional estipulado en el art. 60 del Reglamento Penitenciario.

SEGUNDO. Incoado expediente Registro General nº 6105 95 se acordó solicitar informes al Centro Penitenciario y recibidos se solicitaron nuevos informes al Centro Penitenciario de Zaragoza, solicitándose seguidamente a la vista de los informes remitidos informe de la Médico Forense adscrita a este Juzgado quien informó en el modo y forma que consta en autos.

TERCERO. Con fecha 11 12 95, pasaron las actuaciones al Ministerio Fiscal quien informó en el sentido siguiente:

"El Fiscal, visto el informe exhaustivo emitido por la Clínica Forense solicita la desestimación de la solicitud de la reclusa, por cuanto, si bien se encuentra afecta a una enfermedad crónica, sus particulares características (glomerunefritis mesangial, de buen pronóstico, de baja actividad, con aparición de brotes que han sido bien controlados y con una buena respuesta al tratamiento, no aparición de complicaciones) hacen que no se dé el requísito de extrema gravedad que requiere el art. 60 del Reglamento Penitenciario.

Todo ello sin perjuicio de un adecuado seguimiento puntual de la evolución de la enfermedad, con un tratamiento y atención clínicos adecuados por si las actuales características sufrieran alguna variación".

FUNDAMENTOS JURIDICOS

PRIMERO. El art. 60 del R.P. en su punto 2º,establece que aquellos internos que según informe médico padezcan una enfermedad muy grave e incurable, siempre y cuando reunan los requisitos establecidos en el art. 98 del C.P., a saber:

1ª Que se encuentren en el último período de condena.

2ª Que hayan extinguido las tres cuartas partes de ésta.

3ª Que merezcan dicho beneficio por su intachable conducta y

4ª Que ofrezcan garantías de hacer vida hon

puestos para la concesión de la libertad

3/4 partes de su conden

SE

tes actua

minado

que evolu

glomerulo

El Lu

y glomerul

nas en orin

En tod

posteriorme

En la actualidad la interna

Servicio de Medicina interna del Hospital Miguel Servet,

clinica, segun informa el servicio medico del Centro Penitenciario de Zaragoza.

> es por lo que deberá concluirse que su caso no es encuadrable en el supuesto del Art. 60 del Reglamento Penitenciario pues pese a padecer la recurrente una enfermedad crónica e incurable que cursa en brotes, su estado de salud no hace previsible a corto plazo la aparición de un estado de extrema gravedad y que

TERCERO.- Pese a que el caracter crónico de laenfermedad indica que es previsible la aparicion de nuevos brotes que precisaran el tratamiento adecuado y que tanto la persistencia de cifras de complemento bajo como la aparicion de afectación renal son signos de mal pronóstico dado que no han aparecido complicaciones secundarias al tratamiento, que su respuesta al mismo ha sido la adecuada, que su enfermedad presenta una baja actividad, que se mantiene asintomatica entre los brotes y que la lesion anatomica que padece "glomerunefritis mesangial", es la de mejor pronostico, no dando lugar a la aparicion de cuadro de insuficiencia renal (solamente un dato de descenso de aclaramiento de creatinina en uno de los brotes), apareciendo como única manifestacion un síndrome nefrótico, **es por lo que deberá concluirse que su caso no es encuadrable en el supuesto del Art. 60 del Reglamento Penitenciario pues pese a padecer la recurrente una enfermedad crónica e incurable que cursa en brotes, su estado de salud no hace previsible a corto plazo la aparición de un estado de extrema gravedad y que haga temer por su vida** por cuanto que su evolución y respuesta al tratamiento es buena, sin aparición de complicaciones que en la actualidad le dificulten la realización de una vida normal, motivo por el cual no procederá a tenor del Artículo citado y de conformidad con el Ministerio Fiscal la progresión a 3o grado de tratamiento de la interna del Centro Penitenciario de Zaragoza MARIA ASCENCION SIERRA SAN MARTIN a efectos de aplicación del Art.6O, debiendo de continuar los Servicios Médicos con el seguimiento clínico especializado dirigido al control del tratamiento y prevención de nuevos brotes.

Vistos los artículos citados y demás de general y pertinente aplicación, S.Sª.

A C U E R D A

DESESTIMAR la queja formulada por la interna del Centro Penitenciario de Zaragoza MARIA ASCENSION SIERRA SAN MARTIN no procediendo en consecuencia su progresión a 3º grado de tratamiento a efectos de aplicación del Art. 60 del Reglamento Penitenciario.

Notifíquese esta resolución al Ministerio Fiscal y al interno recurrente con entrega de copia de la misma, haciéndole saber que contra la misma y ante este Juzgado podrá interponer recurso de Reforma en el plazo de tres días a contar del siguiente a su notificación.

Así lo manda y firma la Iltma Sra Dña RUTH ALONSO CARDONA, Magistrado/Juez del Juzgado de Vigilancia Penitenciaria de BILBAO; doy fe.

DILIGENCIA. Seguidamente se cumple lo acordado;doy fe.

DILIGENCIA DE NOTIFICAION. El mismo día, yo el Secretario teniendo a mi presencia al Excmo. Sr. Fiscal del Tribunal Superior, le notifico en legal forma la anterior resolucion, se da por notificado y en prueba firma conmigo; doy fe.

Domingo, 01.00 horas

El derecho a la salud, a la asistencia sanitaria como derecho fundamental viene recogido en la legislación penitenciaria del Estado español

El único castigo aplicable hoy a nuestros familiares presos es la privación de libertad y en dicha situación deben estar amparados por los derechos y leyes que les asisten como personas. Sin embargo los derechos de nuestros familiares presos continúan siendo violados sistemáticamente. Es el caso del constante abandono sanitario y acoso psicológico del que son objeto. La dispersión, el aislamiento absoluto, las palizas periódicas, las pésimas condiciones higiénico–sanitarias, el empleo sistemático de medidas de tortura psicológica o el aniquilamiento psíquico se unen al papel que juegan los médicos penitenciarios transgrediendo la legalidad vigente. Pero además, desde mayo del 89 se prohibe la entrada de médicos especialistas extrapenitenciarios alegando motivos de seguridad, lo que ha imposibilitado un seguimiento correcto sobre los procesos de atención, diagnóstico o tratamiento.

Las condiciones sanitarias a las que están sometidos nuestros familiares presos son alarmantes:

– Limpieza, hacinamiento, alimentación, convivencia con enfermos infecciosos...

– No hay posibilidad de dietas para patologías concretas en muchas cárceles.

– Dejación de su responsabilidad por parte de los médicos penitenciarios.

– Es habitual no dar información sanitaria a pacientes, familia o médicos extrapenitenciarios elegidos por nuestros familiares presos.

– No existe secreto profesional y utilizan toda la información médica para diversos cometidos: ofertas de arrepentimiento, incidencia en presiones psicológicas, aislamiento de compañeros, traslados...

– Presencia de funcionarios en los reconocimientos y consultas médicas que realizan, cuando rara vez se lo permiten, los médicos extrapenitenciarios elegidos por nuestros familiares presos.

– Se obliga al paciente a ser visto por médicos que no tienen la confianza de los presos.

– Reconocimiento de los médicos o visto bueno para someter al preso a medidas de castigo.

– Tienen dificultades para recibir asistencia sanitaria adecuada o efectuar un control de la evolución de las patologías por parte de los médicos penitenciarios.

– También existen deficiencias a la hora de recibir tratamiento adecuado, cuando no son interrumpidos tanto tratamientos como diagnósticos.

– Cuando cuentan una patología pueden permanecer meses y años sin que se les realice las pruebas médicas pertinentes para establecer el diagnóstico adecuado. Esta demora se debe a falta de personal médico interno, pero al mismo tiempo, desde mayo de 1989, no se autoriza la asistencia de médicos elegidos y costeados por los familiares aludiendo a "razones de seguridad".

– Nuestros familiares, son considerados como "peligrosos" por lo que cuando es necesario llevarlos a un centro hospitalario las medidas de seguridad son excesivas y siempre en detrimento del preso: se le conduce esposado, con fuerte custodia policial, la Guardia Civil está presente en la habitación donde el médico explora al preso, el cual es mantenido esposado mientras dura la consulta. No existe intimidad, ni secreto profesional ni la confianza adecuada para que el preso pueda exponer sus problemas de salud al médico que le está atendiendo. Alcanza situaciones límite cuando se trata de una exploración ginecológica a nuestras familiares presas. En caso de que el preso deba quedar ingresado permanecerá esposado a la cama y con custodia policial continua.

– Cuando se trata de presos con alguna enfermedad psíquica no se realiza ningún tipo de psicoterapia. Los médicos penitenciarios se limitan a transcribir un tratamiento farmacológico que puede ser suspendido o modificado por criterios no muy claros.

– La asistencia odontológica, cuando la hay, se remite a la extracción de piezas dentales. Tampoco se recibe la asistencia oftalmológica ni revisiones visuales con la periodicidad recomendada.

– No se separa a los presos comunes con enfermedades infecto–contagiosas como medida de propagación de las mismas, por lo que presos vascos

sanos se ven obligados a convivir incluso en celdas con presos comunes enfermos.

– La higiene de las duchas y servicios es lamentable, con presencia de sangre dejada por presos comunes adictos a drogas por vía parenteral.

Domingo 02.00 horas

MUERTOS POR LA CÁRCEL

***Juan José Crespo Galende**: Muere el 19 de junio de 1981, a sus 27 años de edad, víctima de una bronconeumonía, consecuencia de una huelga de hambre que inicia en marzo en protesta por la situación carcelaria: incomunicación, malos tratos, aislamiento...*

***José Ramón Goikoetxea Bilbao**: Muere el 26 de junio de 1985, a sus 27 años de edad, aparece colgado en las duchas de Alcalá con un profundo corte en el cuello, una semana después de finalizar una sanción de 50 días de aislamiento, acompañada de agresiones físicas, humillaciones y amenazas continuas,.*

***Joseba Asensio Artaraz**: Muere el 8 de junio de 1986, a los 27 años de edad, víctima de una tuberculosis en estado muy avanzado, enfermedad que padecía ya desde 1982 y que se le había diagnosticado como un simple catarro.*

***Josu Retolaza Loidi**: Muere el 19 de mayo de 1987, a los 33 años de edad, víctima de un melanoma maligno en el hombro derecho, que le fue diagnosticado como un papiloma y que durante 8 meses, desde el inicio del cuadro, le fue tratado con una pomada antiverrugas.*

***Mikel Lopetegi Larrarte**: Muere el 2 de marzo de 1988, a los 33 años de edad, aparece ahorcado en su celda en Herrera, cárcel de máxima seguridad caracterizada por los constantes controles y continuos recuentos nocturnos que protagonizan los funcionarios para romper el sueño, aumentando la tensión y el estress.*

***Juan Carlos Alberdi Martiarena**: Muere el 15 de junio de 1988, a los 30 años de edad, por asfixia causada por un edema agudo de pulmón. Un día antes comienza a padecer los primeros síntomas pero no es atendido por falta de personal y material médico.*

Mikel Zalakain Odriozola: *Muere el 30 de noviembre de 1990, a los 58 años de edad, de parada cardíaca. Cuatro meses antes sufre un infarto agudo de miocardio y es conducido al hospital donde permanece siete días en la UVI. Recién dado de alta lo trasladan a 500 km., conducción que se volverá a repetir a los tres meses. En este tiempo no se le da el tratamiento prescrito ni se le practican las revisiones indicadas. El 22 de noviembre es citado para acudir a consulta cardiológica, pero no es trasladado. Muere 8 días después.*

Jean Croix: *Muere el 27 de enero de 1991, a los 40 años de edad, aparece ahorcado en Fresnes. Encarcelado por albergar a tres refugiados políticos vascos, la policía francesa y medios de comunicación relacionan su detención con morbosas informaciones; difamación que, unida al aislamiento al que es sometido, agrava su estado psíquico hasta el punto de presentar un cuadro próximo a la paranoia.*

Peio Mariñelarena: *Muere el 15 de mayo de 1993, a los 29 años de edad, víctima del SIDA. Durante los seis meses transcurridos desde que fuera diagnosticada su enfermedad, hasta que comenzó a expresar su enfermedad y mostró los primeros síntomas de deterioro físico, debido a una intoxicación alimenticia, no recibió asistencia sanitaria adecuada. El médico de la prisión se negaba a atenderlo.*

Jabi Gorostiza Lejarriaga: *Muere el 17 de junio de 1995, víctima de un cáncer de laringe que desarrolló en prisión, consecuencia de la desidia intencionada de los médicos de la cárcel que habían permitido que lo que empezó siendo una afonía y poco después un nódulo en las cuerdas vocales, debido a la no realización de una simple operación de raspado, degenerase en una cáncer que progresó sin ningún control.*

MUERTOS EN LA DEPORTACIÓN

Txomin Iturbe Abasolo: *Muere en accidente de tráfico en Argelia el 27 de febrero de 1987 a la edad de 43 años.*

Francisco Javier Alberdi Beristain: *Muere de un infarto en Togo el 17 de febrero de 1989. Fue deportado a Togo el 26 de septiembre de 1984.*

Juan Ramón Aranburu Garmendia: *Muere ahogado al ser arrastrado por el mar en Cabo Verde el 11 de agosto de 1989, a la edad de 35 años. Fue deportado a Cabo Verde el 15 de febrero de 1986.*

Juan Miguel Bardesi Torres: *Muere de cáncer en Venezuela el 13 de junio de 1993 a la edad de 51 años. Fue deportado a Argelia entre los días 3 y 9 de octubre de 1987. En abril de 1989 fue deportado nuevamente a Venezuela.*

Luis Zuluaga Balziskueta: *Muere por derrame cerebral, fruto de una insuficiencia renal, en Venezuela el 13 de julio de 1994, a la edad de 63 años. Fue deportado a Argelia entre los días 3 y 9 de octubre de 1987. En abril de 1989 fue deportado a Venezuela.*

Joxemari Larretxea Goñi: *Muere de cáncer de páncreas en La Habana (Cuba) el 39 de febrero de 1996, a los 52 años de edad, tras una larga enfermedad. Fue deportado a Panamá el 10 de enero de 1984, semanas después de su intento de secuestro por cuatro policías españoles en Iparralde. En mayo de 1984 fue deportado a Cuba.*

MUERTOS EN EL EXILIO

Francisco Jabier Larrañaga Juaristi, Peru (12 de mayo de 1979)
Jokin Otxotorena Sorondo (31 de agosto de 1983)
Joxe Mari Etxeberria Sarasola (10 de octubre de 1983)
Manuel Makazaga Goñi, *Maka* (13 de enero de 1992)
Bixente Zelaia Gutierrez (27 de octubre de 1992)
Roberto Martínez Olasagarre (18 de noviembre de 1994)
Iñaki Aurrekoetxea, *Sope* (24 de enero de 1996)
Luis Casares Pardo (24 de marzo de 1996)

Domingo, 03.00 horas

Herrera de la Mancha: 31–1–90

Ante todo un saludo. Me presentaré. Soy Luis Rivas Dávila (Conde) y te escribo estas letras para que se hagan públicas en caso de que algo me ocurra. Yo veo peligrar mi vida y la de mi esposa.

El 21–12–90, cuando salía de conducción de Meco, me entraron cuatro guardias:

1º el jefe de servicios llamado Valeriano.
2º un funcionario llamado Miguel Ángel
3º un funcionario llamado Isidoro, apodado Estefanía
4º un funcionario llamado Julian Manuel Hernández Huerte
Todos ellos estaban de guardia ese día 21.12.90 (turno de mañana)

Estas fueron sus palabras:"Eres tonto Dávila, tanto luchar para nada, nosotros te podemos ayudar si tú colaboras con la DGIP"

Yo dije:"¿Cómo?" Y me contestaron que cuando yo quisiera hacer un secuestro me darían las llaves con la condición de que debía ejecutar a los presos de ETA más influyentes de la organización, que aquí me pasaría y que la DGIP me daría todo lo que yo les pidiera, porque a los etarras los iban a echar a la calle y a nosotros los comunes, no.

Yo me negué diciendo que yo no formaría nunca un comando del GAL. Me dijeron que lo pensara y que si me ponía de acuerdo, avisara al director de Herrera. Yo no sé hasta dónde puede llegar esto, pero se han llevado una foto de boda de mi esposa y mía. Henri Parot ya habló con los abogados y sabe toda la historia. Yo temo por mi vida y quisiera pedirte que esto se haga público. Yo jamás me ahorcaré, ni nada por el estilo y menos todavía haría daño a nadie de ETA. Mi vida corre un serio peligro, pues de alguna forma se han enterado aquí, ya te digo que me han quitado una foto. Yo el otro día me hice el ahorcado para ir a Meco y poderme poner en contacto con vuestra gente para explicarles lo que pasa.

Tener cuidado, quieren formar comandos del GAL dentro de las prisiones y con nosotros no han podido, pero hay mucha gente que lo haría.

Yo tengo unas depresiones muy fuertes por culpa de todo esto y sé que de una forma u otra acabarán conmigo. Yo jamás me suicidaría. Si algo me pasa, ten por seguro que han sido ellos.

Domingo, 04.00 horas

Al poco tiempo de constituirse Senideak con el propósito, entre otros, de agruparnos para hacer frente a los problemas e irregularidades generados por la dispersión penitenciaria, nuestra asociación comenzó a registrar un número escalofriante de casos de agresiones contra nuestros familiares presos protagonizados por carceleros y Guardias Civiles.

A medida que pasan los años, las agresiones han ido repitiéndose. Esa alarmante proliferación de salvajes palizas y agresiones físicas durante las conducciones o en las mismas cárceles nos puso en guardia ante unos sucesos que se producían con premeditación e impunidad. En nuestro foro interno teníamos el convencimiento de que se trataba de una medida para acosar a los presos, una nueva forma de presionarlos, intimidarlos y hacerles renunciar a su compromiso, por las buenas o por las malas.

Las cifras son de escándalo, o debieran serlo en un Estado que se presume de Derecho: En 10 años hemos tenido conocimiento de 322 casos de agresiones contra presos políticos vascos, en su mayoría, brutales palizas en las que los autores, Guardias Civiles y carceleros se ensañaron a conciencia con la víctima.

Teniendo en cuenta que muchas de las agresiones no son notificadas y en ocasiones son agresiones que afectan a más de un preso, podemos calcular una media de más de dos agresiones mensuales desde 1987.

Durante todo este tiempo, mientras la lista de agresiones iba creciendo ante nuestros ojos, hemos asistido impotentes al silencio y la inoperancia de instituciones, partidos y otras estancias jurídicas, sociales o políticas que en teoría y por pura lógica democrática y humana, tendrían que haber hecho suya nuestra denuncia.

AÑO	Nº AGRESIÓN	G. CIVIL	FUNCIONARI
1987	3	1	2
1988	48	23	25
1989	69	36	21
1990	33	1	32
1991	9	1	8
1992	42	32	10
1993	81	67	14
1994	15	6	6
1995	10	2	8
1996	7	0	7
TOTAL	**317**	**169**	**133**

En sus manos ha estado todos estos años la posibilidad de parar las agresiones, de poner los medios necesarios para evitarlas y arbitrar medidas eficaces para castigar a los responsables de los malos tratos. Sin embargo, el enorme esfuerzo que hemos realizado los familiares por acabar con semejante lacra no ha obtenido la respuesta esperada de parte de quienes debieran cumplir la labor de representar y defender los derechos e intereses de los ciudadanos.

En lo que respecta al comportamiento de los jueces, las denuncias interpuestas caen, la mayor parte de las veces, en saco roto. Los casos que han sido admitidos a juicio son contados, y en ninguna de las ocasiones se han saldado con una condena contra carceleros o guardias civiles. Al contrario, el preso denunciante se convierte en denunciado y el agresor en víctima.

Si hubiera que hablar de responsabilidades, manifestaríamos nuestra convicción de que, junto a la responsabilidad directa de los autores materiales de las agresiones está la de quienes las han hecho posibles por activa o por pasiva. Desde los responsables de los Ministerios de Justicia e Interior, Instituciones Penitenciarias, o Guardia Civil, pasando por directores, médicos y funcionarios de prisiones que lo han consentido sin intervenir, así como por instituciones y clase política que han hecho oídos sordos a nuestras denuncias o los medios de comunicación que con su silencio han ocultado a la opinión pública un cruel exponente de la violencia contra los presos. Todos ellos han hecho posible, en mayor o menor grado, que las agresiones se hayan producido y todavía hoy se produzcan.

No basta con medidas destinadas a paliar situaciones concretas. De lo que deben convencerse los responsables institucionales, políticos y administrativos, y la sociedad en general, es de que, por encima de los aconteci-

mientos concretos, los presos tienen unos Derechos que no pierden por estar condenados, y que no se puede caer en la fácil tentación de arrebatárselos, de justificar cualquier actuación en aras de la eficacia, vendiendo la idea de que eso ayudaría a solucionar el conflicto que vive nuestro pueblo.

La justicia, el respeto de los Derechos Humanos de las personas y por lo tanto de los presos, debe prevalecer a presuntos criterios de seguridad en las actuaciones de la Administración. Se trata de un mínimo democrático que debe ser de obligado cumplimiento en una Estado que pretenda ser reconocido como de derecho, un principio a defender con los ojos cerrados por unos representantes políticos que están obligados a velar por los derechos y la dignidad de los ciudadanos...

FECHA DE ENTRADA (1995)	DENUNCIANTE	TEMA	ARARTEKO	DEFENSOR DEL PUEBLO	TRIBUNAL JUSTICIA	COMISIÓN DDHH
12 de ABRIL	**SENIDEAK ELKARTEA**	Agresión a Felipe San Epifanio	**Remite a Defensor del Pueblo. Falta de competencias.**	**Remite a Justicia. Falta de competencias.**	**Sin respuesta.**	**Sin respuesta.**
19 de ABRIL	**SENIDEAK ELKARTEA**	Agresión a Asier Guridi Saloña	**Remite a Defensor del Pueblo. Falta de competencias.**	**Remite a Justicia. Falta de competencias.**	**Sin respuesta.**	**Sin respuesta**
29 de MAYO	**SENIDEAK ELKARTEA**	Agresión a Henri Parot	**Remite a Defensor del Pueblo. Falta de competencias.**	**Remite a Justicia. Falta de competencias.**	**Sin respuesta.**	**Sin respuesta**
15 de JUNIO	**SENIDEAK ELKARTEA**	Estado de salud de Jon Iturriaga	**Remite a Defensor del Pueblo. Falta de competencias.**	**Remite a Justicia. Falta de competencias.**	**Sin respuesta.**	**Sin respuesta.**
15 de JUNIO	**SENIDEAK ELKARTEA**	Sit. de A Corunha, Bonxe, Navalcarnero y Jerez	**Remite a Defensor del Pueblo. Falta de competencias.**	**Remite a Justicia. Falta de competencias.**	**Sin respuesta.**	**Sin respuesta.**
5 de JULIO	**SENIDEAK ELKARTEA**	Agresión a Ion Aldana Zelaia	**Remite a Defensor del Pueblo. Falta de competencias.**	**Remite a Justicia. Falta de competencias.**	**Sin respuesta.**	**Sin respuesta.**
18 de AGOSTO	**SENIDEAK ELKARTEA**	Estado de salud de Inés del Río Prada	**Remite a Defensor del Pueblo. Falta de competencias.**	**Remite a Justicia. Falta de competencias.**	**Sin respuesta.**	**Sin respuesta.**
23 de AGOSTO	**SENIDEAK ELKARTEA**	Agresión a Kepa Narvarte Gil	**Remite a Defensor del Pueblo. Falta de competencias.**	**Remite a Justicia. Falta de competencias.**	**Sin respuesta.**	**Sin respuesta.**
18 de SEPTIEMBRE	**SENIDEAK ELKARTEA**	Situación de Pilar Ferreiro	**Remite a Defensor del Pueblo. Falta de competencias.**	**Remite a Justicia. Falta de competencias.**	**Sin respuesta.**	**Sin respuesta.**
22 de SEPTIEMBRE	**SENIDEAK ELKARTEA**	Agresión a Mikel Vázquez de Luis	**Remite a Defensor del Pueblo. Falta de competencias.**	**Remite a Justicia. Falta de competencias.**	**Sin respuesta.**	**Sin respuesta.**
19 de OCTUBRE	**SENIDEAK ELKARTEA**	Información de Jaén, Salto del Negro, sevilla II y Tenerife II	**Remite a Defensor del Pueblo. Falta de competencias.**	**Remite a Justicia. Falta de competencias.**	**Sin respuesta.**	**Sin respuesta.**
4 de DICIEMBRE	**SENIDEAK ELKARTEA**	Huelga de hambre en Tenerife II y paliza a Iñaki Bilbao	**Remite a Defensor del Pueblo. Falta de competencias.**	**Remite a Justicia. Falta de competencias.**	**Sin respuesta.**	**Sin respuesta.**
13 de DICIEMBRE	**SENIDEAK ELKARTEA**	Agresión a Ion Etxeandia	**Remite a Defensor del Pueblo. Falta de competencias.**	**Remite a Justicia. Falta de competencias.**	**Sin respuesta.**	**Sin respuesta.**

Domingo, 05.00 horas

En la actualidad, asciende a un total de 132 los presos políticos vascos que debieran encontrarse en libertad condicional por aplicación de los artículos 98 del Código Penal, 72 de la Ley General Penitenciaria, y 58 y siguientes del Reglamento Penitenciario.

AÑO CONDICIONAL	PRESO/A	LOCALIDAD
1990 (1994, 15 años)	Erdozia Larraza, Angel	Etxarri
1990	Gómez López, Jesús Mª	Laudio
1990	Vidal Abad, Armando	Barakaldo
1991	Jimenez Morales, Goio	Tolosa
1991 (1994, 15 años)	Trecet Sastre, Juan	Lezo
1992	Bilbao Goikoetxea, Iñaki	Lezama
1992	Garitano Beristain, Oscar	Eibar
1992	Gil García, Karlos	Santurtzi
1992 (1993, 15 años)	Olaizola Eizagirre, José Manuel	Orereta
1992	Rike Galarza, Iñaki	Lezama
1993 (15 años)	Azurmendi Albizu, José Miguel	Beasain
1993 (15 años)	Sarasketa Zubiarrementeria, Mitxel	Eibar
1993 (15 años)	Torre Altonaga, José Antonio	Mungia
1993	Arregi Tejedor, Bernardo	Bilbo, Alde Zaharra
1993	Errazkin Zabaleta, José Martín	Irun
1993	Etxeberria Arruabarrena, Iñaki	Irun
1993	Goikoetxea Munduate, José	Ataun
1993	Lizarraga Goikoetxea, Juan Mª	Ordizia
1993	Madariaga Markoartu, Markel	Bilbo, Alde Zaharra
1993	Sagarzazu Legorburu, Begoña	Pasai Donibane
1993	Uranga Gastesi, Joseba	Tolosa
1994 (15 años)	Legarreta-Etxebarria Ganboa, José M.	Mungia
1994 (15 años)	Martínez Apestegia, Francisco	Iruñea, Arrosadia
1994 (15 años)	Nazabal Auzmendi, Jon	Etxarri
1994 (15 años)	Reparaz Lizarraga, Josu	Etxarri
1994 (15 años)	Sein Etxeberria, Eugenio	Oiartzun
1994	Belastegi Zubia, Pedro	Antzuola
1994	Malillos Zabala, Txema	Barakaldo
1994	Martínez de Birgala Val, Txema	Gasteiz, Olarizu
1994	Muiños García, Manuel	Pasaia, Trintxerpe
1994	Osa Arozena, Josu	Itziar
1994	Ostolaza Izagirre, Joxean	Donostia

AÑO CONDICIONAL	PRESO/A	LOCALIDAD
1994	Pereira Muiños, Alicia	Pasaia, Trintxerpe
1994	Reta de Frutos, Iñaki	Lezama
1994	Salvador Labat, Mikel	Iruñea
1994	Urdanpilleta Goenaga, José Mª	Andoain
1995 (15 años)	Agirre Etxeita, Enrike	Zornotza
1995 (15 años)	Alberdi Olano, Ernesto	Zornotza
1995 (15 años)	Apezetxea Arozena, Juan Miguel	Goizueta
1995 (15 años)	Aranburu Lete, José Mª	Hernani
1995 (15 años)	Arzallus Egiguren, José Manuel	Anoeta
1995 (15 años)	Bengoa Unzurrunzaga, Felix	Oñati
1995 (15 años)	Cortes Lorenzo, Agustin	Ordizia
1995 (15 años)	Eskisabel Etxebarria, Patxi	Donostia, Amara Zaharra
1995 (15 años)	Etxaniz Zorrilla, José Mª	Bergara
1995 (15 años)	Etxebarri Aiesta, Joxean	Zornotza
1995 (15 años)	Guridi Arozena, Pedro	Arrasate
1995 (15 años)	Ibabe Guridi, Iñaki	Bergara
1995 (15 años)	Irakulis Albizu, Fernando	Zornotza
1995 (15 años)	Irastorza Fernández, Eugenio	Ordizia
1995 (15 años)	Larrinaga Etxebarria, Juan José	Zornotza
1995 (15 años)	Olagorta Arana, Juan Antonio	Bilbo, San Inazio
1995 (15 años)	Sagardui Moja, José Mª	Zornotza
1995 (15 años)	Zubiaurre Portugal, José Mª	Donostia, Alde Zaharra
1995	Alkain Ipinazar, Xabier	Donostia, Amara Zaharra
1995	Antolin Alvarez, Patxi	Irun
1995	Aranburu Quiñones, Pilar	Donostia, Amara Berri
1995 (1996, 15 años)	Arluziaga Iribar, Joxean	Soraluze
1995	Arrizabalaga Vázquez, Cristina	Donostia, Antiguo
1995	Cuerdo Rodriguez, Jose Fernando	Orereta
1995	Ferreiro Bravo, Pilar	Barcelona
1995	Franco Argibai, Francisco	Pasai, San Pedro
1995	Garcia Mertxan, Karmelo	Zornotza
1995	Gimón Sebastián, Jose Manuel	Gasteiz, Judizmendi
1995	Gracia López, Koldo	Tafalla
1995	Herrera Pérez, Jose Luis	Eibar
1995	Iriondo Mallabiabarrena, Peio	Ermua
1995 (1996, 15 años)	Irusta Urain, Ramón	Deba
1995	Larrea Guerrero, Mª Angeles	Getxo, Algorta
1995	Laso Sánchez, Fco. Xabier	Donostia, Amara Zaharra
1995	Lizarbe Oses, Gotzon	Tafalla
1995	Lopez Romero, Pablo	Bilbo, Errekalde
1995	Lorenzo Gonzalo, Jose Luis	Tolosa
1995	Martinez Nogales, Fco. Xabier	Lizarra
1995	Rojo Paniego, Maite	Orereta
1996 (15 años)	Agirre Agiriano, Jon	Aramaio (Unzilla)
1996 (15 años)	Anzizar Telletxea, Fermin	Iruñea, Alde Zaharra
1996 (15 años)	Arburua Iparragirre, Fernando	Donostia, Altza
1996 (15 años)	Areizaga Arozamena, Gaizka	Donostia, Antiguo
1996 (15 años)	de Marcos Olaizola, Koldo	Donostia, Altza

AÑO CONDICIONAL	PRESO/A	LOCALIDAD
1996 (15 años)	Elustondo Oiartzabal, Jose Luis	Tolosa
1996 (15 años)	Garcia del Molino, Antxon	Ordizia
1996 (15 años)	Garciandia Solano, Ricardo	Iruñea, Alde Zaharra
1996 (15 años)	Goikoetxea Arandia, Jose Ignacio	Tolosa
1996 (15 años)	González García, Fidel	Eibar
1996 (15 años)	Izaga González, Xabier	Gasteiz, Errota Zaharra
1996 (15 años)	Izagirre Iglesias, Teo	Deba
1996 (15 años)	Kareaga Urkizu, Koldo	Deba
1996 (15 años)	Lopez Domaika, Saturnino	Gasteiz, Judizmendi
1996 (15 años)	Martín Robles, Pako	Arrasate
1996 (15 años)	Ostolaza Alkozer, Imanol	Donostia, Altza
1996 (15 años)	Rekalde Goikoetxea, Angel	Tolosa
1996 (15 años)	Rekarte Gutierrez, Gloria	Iruñea, Arrosadia
1996	Aiastui Aretxaga, José Ramón	Bergara
1996	Albarrán Cobos, Vicente	Bilbo, Otxarkoaga
1996	Andonegi Egurbide, Iñigo	Mutriku
1996	Añorga Azpiazu, Patzi	Usurbil
1996	Apezetxea Narbarte, José Angel	Billabona
1996	Arrondo Iruin, Begoña	Hernani
1996	Belaustegi Cuesta, Elisabeth	Donostia, Amara Zaharra
1996	Bilbao Mezo, Anakoz	Bilbo, Santutxu
1996	Carrera Carrera, Arantza	Amezketa
1996	Galarraga Urbizu, Kepa	Billabona
1996	Illarramendi Ortiz, Ivan	Zarautz
1996	Illarreta Casas, Agustín	Donostia, Intxaurrondo
1996	Kareaga Mezo, Miren	Sondika
1996	Lasarte Garmendia, Xabier	Usurbil
1996	Lazkano Peñagarikano, Marijo	Zarautz
1996	Lezea Beraza, Jesús	Altsasu
1996	Lezertua Urrutibeaskoa, Juan Carlos	Lekeitio
1996	Llona Saénz, Sabin	Bilbo, Santutxu
1996	Murua Gelbenzu, Izaskun	Hernani
1996	Ortíz de Etxeberría Magallón, Gorka	Bilbo, Abusu
1996	Otamendi Aunditegi, Antonio	Zizurkil
1996	Saratxaga Mota, Arantza	Sopela
1996	Tapia Gonzalo, Juan Carlos	Barakaldo
1996	Urbistondo Aranburu, Miren Karmele	Urnieta
1996	Urdangarin Iriondo, Ramón	Urnieta
1996	Uzkiano Segurola, Alex	Billabona
1996	Vélez Bilbao, Joseba	Laudio

Nota: Esta relación esta actualizada al 8 de agosto de 1996. Hay que tener en cuenta que con el paso del tiempo se producen bajas y altas; señalar que el apartado referido a 1996 se refiere a presos que han entrado o entrarán en esta situación.
Subrayar que estos datos son susceptibles de variación en función de nuevas redenciones o comprobación de datos dificultosamente accesibles.

Domingo, 06.00 horas

¡Epa aita! Ha llegado la primavera a Soraluze, como si se hubiera vestido para ti. Otra primavera y tú allí dentro... ¡Ya ves! Recuerdo, de pequeña, cuando le preguntaba a ama por qué estabas en la cárcel y ella me contestaba: ¡Por defender Euskal Herria!. Así crecimos Iraultz, Esti y yo. Pero con el tiempo hemos ido entendiendo otras cosas. Y aquí estamos, ahora, rodeadas de todos tus trabajos manuales. ¡Ah! El Gernika en piel tiene una fama de aúpa!

Muchas cosas han cambiado en el pueblo desde el día que te fuiste, ¡jo, en mayo 15 años! No te imaginas cómo anda el Karakate. ¡Qué cebada! Han hecho una super casa y ahora han puesto una antena de 70 metros. No es normal. La variante también, ahí está...

El caserío familiar ahora es un famoso restaurante. El domingo estuvimos todos comiendo, bueno, todos menos tú. Pero un sitio que conoces y ahora ha cambiado es el Gaztetxe. Allí pasamos todo el día, horas y horas, haciendo de todo: jugando a cartas, al ping–pong, al futbolín... Pero aquí también tenemos algún que otro problema. Por ejemplo con el cura, que dice que hay vomitonas en la terraza. ¡Con la Iglesia hemos topao! Los zipayos también, ahí andan controlando el horario... ¡Qué pasada!

Aparte del Gaztetxe también hago otras cosas. Me va la imaginación y creo que con todo lo relacionado con eso puedo aprender algo, pero, dicha la verdad, los estudios no me van como quisiera. Esta semana en el Insti se ha preparado una semana cultural y hay muchas actividades. Yo me he apuntado al futbolín y a una salida al monte, bueno, mejor dicho, vamos a ver una cueva el miércoles. Hoy he estado jugando al futbolín con Iraultz. ¡Hemos machacao!. Ya sabes que me gusta el fútbol aunque haya por ahí algún que otro machista de los que dice que eso es cosa de hombres. Pero para esto también, ¡ a Bergara! , en Soraluze no hay equipo de fútbol de chicas. ¡Mucho morro!... ¡Tenías que haber visto cómo jugamos! Aita, ya sabes que yo no me lío en muchas movidas, prefiero estar con los amigos pero no olvides que siempre voy a estar a tu lado. Yo también he crecido sin una ama o un aita, como muchos otros, pero ya sé que si estás lejos es por luchar por Euskal Herria.

Hoy nos hemos enterado de que Luis, tu amigo Luis Casares ha muerto en el Hospital de Baiona. Ocho años fuera del pueblo, lejos de la familia y los amigos. Ocho años y mira... Y mientras, en los medios de comunicación siempre con lo mismo; que si la democracia, la justicia y cosas de esas. Nosotros hemos vivido la realidad de otra forma: largos viajes, visitas cortas... y la noticia de las palizas que recibís... éstas nunca aparecen en televisión. No les interesa, ¡claro está!

Ya sé que será un poco difícil que algún día podamos estar los dos juntos en la calle. Yo no sé lo que es tener todos los días un aita conmigo, junto a mí, pero, para decir la verdad, llegar la primavera a Soraluze y tu aita, tan lejos... Aita, ¡vuelve pronto a casa! Ama, Iraultz, Esti y yo te esperamos. La primavera ha llegado a Soraluze y te quiero, aita.

Domingo, 07.00 horas

Me han preguntado qué siente la madre de un hijo preso. Se me ocurren muchas respuestas pero la primera palabra que me viene a la cabeza es tristeza. Entre las personas que lean esta carta habrá muchas madres, padres o quizás hijos y creo que no se os hará muy difícil entender ese lazo espcial que siempre nos une a madres-padres e hijos-hijas.

Cuando nuestros hijos son pequeños datos todo porque estén bien. Me acuerdo de cuando tenía algún problema, o estaba enfermo y allí pasábamos horas y horas sy padre y yo cuidándolo y mimándolo. Ahora, a cualquier hora del día y la noche, pienso en él, y por supuesto, a todas horas, ¿estará bien?, ¿necesitará algo? y otras muchas preguntas me andan danzando por la cabeza. No puedo saberlo porque no puedo verlo. Y si me necesitara como ahora le necesito yo a él?

Algunas lágrimas e intentas pensar en lo mejor para seguir viviendo. Mi problema es muy duro. Padezco una enfermedad que me prohibe viajar. No puedo ver a mi hijo. Los de casa me repiten que está bien pero no puedo verlo. En la vida, por mil y una razón los padres e hijos se separan: estudios, trabajo... En nuestra casa, como en muchas otras no ha sido por elección propia. MI hijo no se ha alejado por su propio pie como tantos otros que no han desaprovechado su vida, y en consecuencia, miles de familias en Euskal Herria estamos destrozadas. Quisiera aprovechar estas líneas para enviarles mi más sindera y calurosa solidaridad.

Mi hijo, el más pequeño, lleva cinco años fuera de casa. Cuando se lo llevaron, o lo juzgaron, dijeron barbaridades sobre él, pero no les creí nada. Ellos no lo conocen como yo y sé que a mi hijo le ha llevado a la cárcel su gran corazón.

En estos largos años no he podido verlo. Mi estado de salud me lo prohíbe. No sé explicar con palabras qué es vivir sin poder abrazarlo, no oir su risa o recibir sus palabras tiernas. Siento impotencia. Creo, siento como si mi interior se fuera vaciando. Todas las noches cuando miro su foto cerva de mí intento sentirlo pero no siempre lo consigo. La distancia física que nos separa es muy grande.

Lo que me pregunto es, ¿por qué no los traen a Euskal Herria? ¿No es suficiente vivir privados de libertad, para tener que tenerlos tan lejos de su pueblo y su familia? De verdad que no deseo a nadie este vacío tan grande que llevo dentro y a los que no quieren arreglar este problema les pediría que por un segundo pensaran en lo que significa vivir lejos, tan lejos de los tuyos. Cuando sus hijos les besaran y hablaran con ellos les recordaría a cuántas madres nos han prohibido ese derecho.

Si nuestra situación es dura, tampoco quiero olvidar la de otros muchos familiares que llevan no sólo uno sino años sin verlos, sin saber nada de ellos. A todas estas miles de familias de Euskal Herria que sufren esta situación quiero darles las gracias porque sus hijos y familiares, todos ellos me dan fuerza para seguir adelante y luchar hasta traerlos a casa.

Domingo, 08.00 horas

Hola chaval, ahí van, en plenas jaias, los saludos de toda la peña de Donostia:

** Las jaias van a tope, aunque esté Ugaitz con nosotros, je, je, jotake.*

** Tres eran tres... y no queda ninguna...*

** El hijo de la Pili se llama Sugorri, y si no que pregunten al Gatito Lindo...*

** Gu gara gu Euzko Gaztedia, gu gara gu... Biharko txapelgorriak. Arrikitaun, ti taun!*

* *Joseba Surerok agurrak bidaltzen dizkizue Marta Parrabos, Karmelo Koton, eta abarren partez. Geurea da garaipena!*

* *Jato jato... Ulan bato! Arrikitaun komando ibiltaria.*

* *Los fuegos artificiales para las fiestas populares. Jotake!*

Domingo, 09.00 horas

Como cada domingo, llegamos físicamente reventados, pero moralmente pletóricos por haberlos visto, tal vez haberlos abrazado, y haber podido comprobar nuevamente que nuestras hijas, padres, hermanas y compañeros son maravillosos. Sentimos esa felicidad que da la satisfacción de haber roto, una semana más, ese aislamiento inhumano y terrible.

Domingo, 10.00 horas

Pero también, como en cada llegada, volvemos a ser testigos y objetivo de nuevos ataques.

* *La Ertzaintza carga brutalmente contra unos 150 familiares cuando, una vez finalizada la encartelada que convoca Senideak cada viernes en Donostia, se encontraban guardando los paneles en un local sito en la parte vieja. Los agentes les disparan pelotas de goma a escasos metros de distancia, los golpean con porras, escudos, con las culatas y puntas de los pelo-*

teros, y los empujan y zarandean sin miramientos, al tiempo que rompen los paneles con las fotos de los represaliados, produciéndose momentos de verdadero pánico. Un joven es atropellado por la furgoneta de la Ertzaintza y un gran número de familiares resultan heridos y con lesiones en diferentes partes del cuerpo.

** Artículo de opinión sin firma: "Carta abierta de funcionarios de prisiones a la organización terrorista ETA" publicada el 14 de mayo de 1989 en la sesión de opinión del periódico "La Crónica".*

"Conocemos concienzudamente vuestros domicilios, vuestras familias, y lo que es más, a vosotros os tenemos y dependéis de nosotros. No recurriremos a la enajenación mental transitoria (miedo insuperable) o a Fuenteovejuna (Todos a una) para exterminaros en una sola noche.

Sois como bebés a los que controlamos todas sus comidas, bebidas y pertenencias. No nos será nada difícil conseguir el veros con el tiempo infectados de SIDA, Hepatitis o cualquier otra de las especialidades comunes de estas nuestras cárceles, ya que el veneno es demasiado dulce. Aunque siempre os quedaría el recurso de la saludable huelga de hambre."

** Lemoa, 15 de enero de 1996. En Lemoa, al igual que en varios pueblos de Euskal Herria, los familiares de presos políticos vascos reciben llamadas anónimas de teléfono a altas horas de la madrugada, con frases como " tu hijo es un asesino" y toda clase de insultos.*

** Parlamento de Gasteiz, 17 de noviembre de 1995. A las 9.20 de la mañana, efectivos de la Ertzaintza agreden, zarandean y arrojan al suelo a los familiares que se concentran frente al Parlamento para exigir la inmediata aplicación del artículo 60 a los tres presos políticos vascos que padecen enfermedades incurables, y denunciar la situación en que se* *encuentran los presos en las cárceles de Sevilla II, Salto del Negro y Tenerife II.*

** Cientos de personas que no han podido realizar el viaje de cada semana debido a la lejanía de la prisión, y a su estado de salud, llevan meses e incluso años sin ver a sus familiares represaliados. Tampoco se les permite llamada de teléfono semanal, sino quincenal y obligatoriamente, en castellano. En otras prisiones deben avisar de antemano para que se les ponga una grabadora.*

** Recibimos devueltas las cartas enviadas a nuestros familiares presos en cuyo matasellos especifica que no se encuentran en esa dirección. Las que les llegan, siempre con retraso de meses y en muchas ocasiones abiertas.*

** La prensa nunca llega al día, siempre con retrasos, y cuando llega.*

....

Domingo, 11.00 horas

Hemos llegado a Euskal Herria, y no estamos solos. Allí nos esperan hombres y mujeres que en el día a día nos ayudan y comparten con nosotros la amistad y la solidaridad hacia nuestros familiares represaliados. Ellos y ellas saben que son el exígeno que cada fin de semana tratamos de llevar a todos y cada uno de los represaliados, el oxígeno concentrado en movilizaciones de protesta, huelgas de hambre, iniciativas populares y actividades de todo tipo destinadas a exigir el respeto de los derechos humanos y la ley.

Mañana, como cada lunes, estos hombres y mujeres volverán a concentrarse frente al Juzgado de su localidad y, junto a todos los familiares, presentarán sus denuncias:

AL JUZGADO DE GUARDIA DE..............

D....................................., mayor de edad, con documentación nacional de identidad nº............................., con domicilio a efecto de notificaciones en Plaza Gipuzkoa nº 2-2 dcha, de San Sebastián, ante el Juzgado comparece y como mejor en derecho procede DICE:

Que por medio del presente escrito quiere poner en conocimiento de ese Juzgado los siguientes hechos, por entender que los mismos pueden ser constitutivos de delito tipificado en el Código Penal.

HECHOS

PRIMERO: Que.., ... de............. dicente, se encuentra actualmente preso cumpliendo condena en el Centro Penitenciario de ...., cuando el domicilio habitual tanto del mismo como de sus familiares, allegados y amigos se encuentra a cientos de kilómetros de dicha prisión.

SEGUNDO: Que dicha situación vulnera derechos fundamentales recogidos en la constitución española de 1978, y en concreto el artículo 25.2 de dicho texto legal, que establece que "las penas privativas de libertad estarán orientadas hacia la reinserción y reeducación social", añadiendo que en todo caso tendrá derecho al acceso a la cultura y desaroollo integral de su personalidad. Difícilmente se puede lograr la reinserrcción de una persona en la sociedad si se le aísla del medio social del que procede, impidiéndole o por lo menos dificultándole la comunicación con ese medio social. Difícilmente se puede cumplir el derecho de acceso a la cultura, si se le aleja de su medio cultural específico y diferenciado. Y difícilmente se puede lograr un desarrollo integral de la persona si se le aplica una medida como es la dispersión y el alejamiento de su medio.

TERCERO: Que profundizando aún más en los postulados de la ley señalar que la L.O.G.P. en sus artículos 8.2 y 12.1 obliga a la administración a ubicar los Centros

Penitenciarios de acuerdo con el criterio de las autonomías evitando así el desarraigo de los internos, algo que en el presente caso se está infringiendo al mantener al preso a cientos de kilómetros de su lugar de residencia. Y en este mismo sentido los artículos 9.1 y 9.2 del Reglamento Penitenciario.

CUARTO: Pero si ya de por sí lo manifestado es grave entendiendo .... dicente que con esta situación se están vulnerando también otros derechos, además de los ya manifestados, como son el derecho a la defensa, el derecho a una asistencia médica extrapenitenciaria, y el derecho al estudio. Derechos todos ellos recogidos tanto en el texto Constitucional como en la L.O.G.P. y en el reglamento Penitenciario.

Por lo expuesto.

AL JUZGADO SUPLICO: Que teniendo por presentado este escrito y atendiendo a la gravedad de los hechos que en el mismo se describen por la vulneración de derechos que los mismos constituyen, se sirva admitirlo y realice cuantas diligencias estime oportuno para garantizando el derecho de mi ....a permanecer en una cárcel cercana a su lugar de residencia, se depure las responsabilidades penales oportunas a la mayor brevedad posible.

Todo ello que pido en San Sebastián para...............................a .... de........... de 1996.

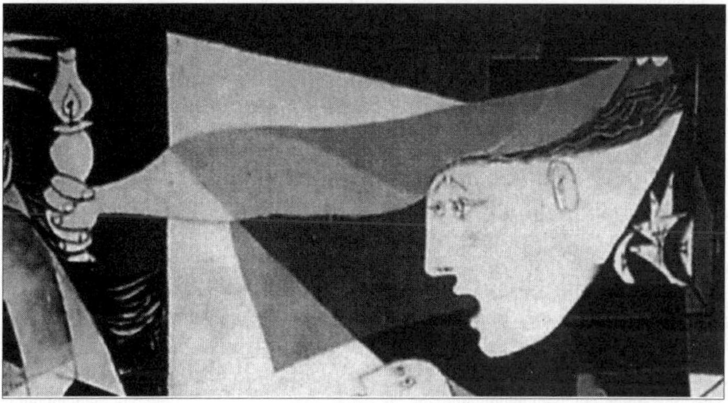

No es casualidad el que adoptáramos el símbolo del quinqué del cuadro del Gernika para nuestra Asociación. Aquella mujer alumbrando el centro mismo del cuadro es el eje sobre el que el pintor parece haberse apoyado para dar a conocer al mundo el horror de la guerra. En Senideak, en su mayoría mujeres, queremos dar a conocer el horror de nuestra guerra actual, queremos denunciar la situación de nuestros hijos, padres, compañeras, hermanos, encarcelados, deportados, exiliados. ¡Para que no nos los maten!

Y porque la luz es vida y vivos los queremos, seguiremos sosteniendo esta luz y nos la seguiremos pasando como un testigo que no se pueda apagar, nos la seguiremos transmitiendo de mano en mano, de generación en generación si hiciera falta, "¡Vivos se los llevaron, vivos los queremos!

A vosotras, madres argentinas, os arrancaron a vuestros hijos, a vuestros familiares, pero seguís marchando con la cabeza alta, seguís manteniendo con vuestros pañuelos blancos la dignidad de todo un pueblo Sois la luz de la memoria colectiva para las generaciones venideras. Pero sabéis que esa luz vuestra ha sabido también traspasar fronteras y océanos... Vuestros hijos viven en cada barricada, en cada trinchera, en cada celda, donde se lucha por un mañana más justo y más sincero.

Nuestros hijos son también un poco los vuestros y se sentirían, si así lo quisierais, orgullosos de convertirse en vuestros hijos adoptivos.

Octubre de 1996.

Este libro ha sido escrito por Begoña Arana, que ha contado para hacerlo con el testimonio y la ayuda de numerosos familiares de Senideak.